MW00718886

Cornelia Funke, geboren 1958, entdeckte schon sehr früh ihren Spaß am Zeichnen. Sie wollte aber auch mit Kindern arbeiten, also studierte sie zunächst Pädagogik und arbeitete anschließend drei Jahre lang auf einem Bauspielplatz in Hamburg mit »vielen wilden Kindern« zusammen. Gleichzeitig studierte sie weiter: Buchillustration. Irgendwann hatte sie so viele Illustrationsaufträge, daß sie 1988 ihre Arbeit auf dem Bauspielplatz aufgab.

Cornelia Funke lebt mit ihrem Mann und ihren beiden Kindern in Hamburg.

In der Fischer Schatzinsel sind von Cornelia Funke bisher ›Hinter verzauberten Fenstern‹ (Bd. 80064), ›Gespensterjäger auf eisiger Spur‹ (Bd. 80174), ›Gespensterjäger im Feuerspuk‹ (Bd. 80221), ›Gespensterjäger in der Gruselburg‹ (Bd. 80222), ›Potilla und der Mützendieb‹ (Bd. 80260), ›Zottelkralle, das Erdmonster‹ (Bd. 80276), ›Zwei wilde kleine Hexen‹ (Bd. 80279), ›Kleiner Werwolf‹ (Bd. 80289), ›Greta und Eule, Hundesitter‹ (Bd. 80300) und ›Lilli, Flosse und der Seeteufel‹ (Bd. 80327) erschienen.

Unsere Adresse im Internet: www.fischer-tb.de

Cornelia Funke

Kein Keks für Kobolde

Mit Bildern der Autorin

Fischer Taschenbuch Verlag

Fischer Schatzinsel
Herausgegeben von Eva Kutter

7. Auflage: Februar 2002

Veröffentlicht im Fischer Taschenbuch Verlag,
ein Unternehmen der S. Fischer Verlag GmbH,
Frankfurt am Main, November 1994

© Fischer Taschenbuch Verlag GmbH,
Frankfurt am Main 1994
Gesamtherstellung: Clausen & Bosse, Leck
Printed in Germany
ISBN 3-596-80006-4

Erster Teil

1. Kapitel

in dem die Geschichte
an einem feuchten, kalten Herbstmorgen
ihren Anfang nimmt

Ein feuchter, kalter Wind fuhr in Neunauges Höhle und weckte sie. Der Wind griff mit eisigen Fingern in die Blätter und Federn, unter denen Neunauge sich wohlig zusammengerollt hatte, und ließ sie auseinanderstieben. Neunauge richtete sich verschlafen auf und gähnte ausgiebig. Dann blinzelte sie mit müden Augen nach draußen.

Ihre Baumhöhle lag hoch oben in einer alten Eiche, und im Winter konnte sie von dort durch die kahlen Bäume weit in den Wald hineinsehen. Aber noch war es nicht Winter. Es war Ende Herbst. Das bunte Laub war braun geworden, und einige Bäume streckten nur noch ihre nackten Äste in den grauen, wolkenschweren Himmel. Bisher waren die Tage und Nächte mild gewesen. Doch heute – heute konnte man zum ersten Mal den nahenden Winter spüren.

Vorsichtig lehnte sich Neunauge etwas hinaus und schnupperte die kalte, frische Morgenluft. Ja, sie konnte den Winter riechen, und sie konnte ihn sehen. Jeder Grashalm, jedes Blatt, jeder Zweig – alles war mit Rauhreif bedeckt. Zwischen den silbrigen Gräsern und graugrünen Stämmen der Bäume schwappte und schwebte kalter, grauer Nebel.

»Ich hab's ja gewußt!« knurrte Neunauge.

Mürrisch rekelte sie sich, putzte die Nase in einem Blatt und strich mit den Händen über ihr Fell. Sonst schmiegte es sich seidig und glatt an ihren schmalen Körper und schimmerte in dunklem Braun. Aber heute sträubten sich die Haare in alle Richtungen wie bei einer alten Bürste.

»Ich habe es den anderen hundertmal gesagt«, schimpfte sie, während sie sich vorsichtig aus der schmalen Höhlenöffnung schob. Sorgfältig krallte sie Finger und Zehen in die spröde, frostige Rinde des Baumes und begann, flink an dem mächtigen Stamm hinunterzuklettern. Zwei Meter über dem Boden sah sie sich sorgsam in alle Richtungen um, dann glitt sie hastig auch noch das letzte Stück Stamm hinab. Unten angekommen, lief sie auf ein Dickicht von Farnwedeln zu und hockte sich zwischen den hohen Stengeln erst mal ins froststarre Gras. Wieder ließ sie die schwarzen Augen mißtrauisch umherwandern. Sie hatte in den letzten Tagen einen Fuchs hier herumschleichen sehen, also war Vorsicht geboten. Angespannt lauschte sie in die morgendliche Stille, aber sie hörte nur den Wind durch das verwelkte Farnkraut streichen.

»Na gut«, murmelte sie, »dann wollen wir doch mal sehen, was die anderen dazu sagen, daß ich recht hatte. Von wegen, der Winter kommt diesmal spät.« Eilig begann sie, sich zwischen den Farnstielen hindurchzuschlängeln. »Sie hätten nur die Vögel beobachten müssen. Oder die Eichhörnchen.« Neunauge kletterte über Baumwurzeln, lief über weiches Moos und um große Maulwurfshaufen herum, zog sich mühsam an umgestürzten Baumstämmen hinauf und kämpfte sich durch knisterndes, gelbes Herbstgras. Sie kannte den Weg in- und auswendig, aber heute kam er ihr besonders lang und anstrengend vor. Das einzige Lebewesen, das ihr begegnete, war ein dickes Kaninchen, das gelangweilt vor seinem Bau saß. »Der Winter kommt!« rief Neunauge ihm zu, aber es warf ihr nur einen schlechtgelaunten Blick zu und mümmelte weiter an ein paar trockenen Grasspitzen.

Schließlich hatte sie ihr Ziel erreicht.

Der Nebel hatte sich etwas gehoben, aber der Tag war immer noch grau und trübe, feucht und widerlich kalt. Neunauge schmiegte sich an ein schmales Baumstämmchen, kaum dicker als sie selbst, und lugte hinaus auf die große Lichtung, die vor ihr lag. Im Grunde war es nichts als eine schäbige, stoppelige Wiese mit großen, kahlen Flecken, auf denen nicht einmal ein paar Brennesseln wuchsen. Sie war von dichtem Wald umgeben. Nur an einer Stelle war eine schmale Schneise in das Dickicht der Bäume geschlagen. Dort war ein großes Tor, und dahinter, das wußte Neunauge, fraß sich ein breiter Weg in den Wald. Neben dem Tor stand ein verwittertes Holzhaus. Darin wohnte der Braune mit seinem Hund. Neunauge und ihre Artgenossen nannten ihn den Braunen, weil er braune Haare und braune Haut hatte und immer braune Hemden trug. Vor dem Braunen mußte man sich in acht nehmen, das wußten sie alle. An diesem Morgen stand sein großer, schwarzer Wagen nicht vor seiner Hütte. Das bedeutete, daß er nicht zu Hause war. Beruhigt sah Neunauge sich weiter um. Es standen nur noch drei schmutzigweiße Wohnwagen auf der Lichtung. Manchmal waren es auch mehr. In den guten Zeiten waren es fast immer dreißig gewesen, aber die guten Zeiten waren schon lange vorbei.

»Verdammt!« fluchte Neunauge und warf einen finsteren Blick auf die Wagen mit ihren Gardinen und Geranien hinter den Fenstern. Sie konnte zählen, soviel sie wollte. Es waren nur drei. Davon konnte sie nicht mal alleine leben, von den anderen Kobolden ganz zu schweigen. An Wintervorrat aber war überhaupt nicht zu denken. Und das machte ihr große Sorgen.

»Na, Neunauge«, sagte eine leise Stimme hinter ihr. Erschrocken fuhr sie herum. Vor ihr stand ein pechschwarzer Kobold mit struppigem, rotem Kopfhaar und giftgrünen Augen.

»Feuerkopf!« zischte Neunauge ärgerlich. »Wo sind die anderen?«

Feuerkopf zuckte gelangweilt die Achseln. »Also bisher habe ich nur Siebenpunkt gesehen. Der hängt irgendwo da hinten rum. Die anderen hatten bei der Kälte wohl keine Lust, aus ihren Blättern zu kriechen.«

»Ich hab's euch gesagt!« fauchte Neunauge ihn an. »Der Winter kommt früh, habe ich gesagt. Die Wagen werden diesmal sehr früh verschwinden. Aber ihr wolltet mir ja nicht glauben.«

»Reg dich nicht auf!« Feuerkopf kicherte und ließ sich auf einen Stein nieder. »Wir hatten schon oft einen frühen Winter und einen mageren Herbst. Und wir leben trotzdem noch.«

»Aber wir haben noch nie einen mageren Frühling, einen mageren Sommer *und* einen mageren Herbst gehabt.« Wütend funkelte Neunauge den schwarzen Kobold an. »In diesem Jahr waren insgesamt soviel Wagen da wie sonst manchmal in einem Monat!«

»Ich gebe zu, wir haben da ein kleines Problem«, sagte Feuerkopf und kratzte sich ausgiebig hinter den großen Ohren. »Aber nichts, was sich nicht lösen ließe.«

Einen Moment lang starrte Neunauge ihn wortlos an, ganz sprachlos über soviel Dummheit. Dann drehte sie sich kurzerhand um und marschierte in die Richtung, in der sie Siebenpunkt vermutete.

2. Kapitel

in dem von leeren Bäuchen die Rede ist
und Feuerkopf einen unmöglichen
Vorschlag macht

Siebenpunkt hockte zwischen ein
paar Brennesseln und war gerade
dabei, mit dem Kopf zuerst in eine Mülltüte zu
kriechen.

»Hallo, Siebenpunkt!« begrüßte Neunauge ihn.

Aus der Mülltüte kam ein fürchterlicher Gestank,
und sie verzog angeekelt das Gesicht. Siebenpunkt zog den Kopf aus dem Abfall und lächelte
sie verlegen an.

»Hallo, Neunauge!« sagte er.

»Ich brauche dich wohl nicht zu fragen, wie es um
deinen Wintervorrat aussieht, oder?«

»Miserabel!« stöhnte Siebenpunkt. »Absolut miserabel!« und verschwand erneut im Müllbeutel.
Als er wieder auftauchte, hatte er nichts als ein
stinkendes Fell und drei ziemlich alt aussehende
Erdnüsse in der Hand.

15

»Wie willst du denn den Winter überstehen?«
fragte Neunauge.

»Vielleicht kommen ja bald noch ein paar Wagen«,
meinte Siebenpunkt und knackte seine Erdnüsse.

»Das glaubst du doch selbst nicht.«

»Na, dann können wir uns ja vielleicht auch noch
was im Wald dazusuchen.«

»Was denn? Die paar Beeren, die die Menschen
und die Vögel vergessen haben? Oder weißt du,
was wir sonst noch essen könnten, ohne uns zu
vergiften? Das haben wir doch alles längst gegessen. Ist doch immer viel bequemer gewesen, sich
hier was zu holen.«

Siebenpunkt runzelte sorgenvoll die scheckige
Stirn. »Ich werde schon jetzt oft nicht satt!«

»Ich auch nicht«, seufzte Neunauge.

»Der Braune hat bestimmt genug in seiner
Hütte!« sagte Feuerkopf hinter ihnen.

»Was redest du da für einen Blödsinn?« Ärgerlich
drehte Neunauge sich zu ihm um. »Wir können
froh sein, wenn er uns nicht hier draußen noch erwischt. Was hilft es uns, daß er etwas in seiner
Hütte hat?«

»Ich dachte ja nur«, Feuerkopf zuckte die Schultern, »eh' wir verhungern...«

»Verhungern?« Siebenpunkt starrte den schwarzen Kobold entsetzt an.

»Na ja…«

»Ich will nicht verhungern!« sagte Siebenpunkt und schauderte. »Neunauge, meinst du auch, wir könnten verhungern?«

»Das meine ich schon eine ganze Weile!« fuhr Neunauge ihn an. »Seit diesem verregneten Sommer habe ich von nichts anderem geredet. Aber ihr wolltet es ja nicht glauben.«

»Wir könnten uns in der Hütte des Braunen Proviant genug besorgen«, sagte Feuerkopf trotzig.

»Du spinnst völlig.« Neunauge warf einen nervösen Blick zu der Holzhütte hinüber. »Der Hunger hat dich wohl schon verrückt gemacht.«

»Der hat Schokolade da drin«, sagte Feuerkopf. Siebenpunkt ließ seine trockenen Erdnüsse sinken. »Schokolade!« flüsterte er.

»Ja«, Feuerkopf nickte, »und tütenweise diese gelben und roten und grünen Dinger.«

»Gummibären!« flüsterte Siebenpunkt andächtig. Neunauge verdrehte die Augen. »Na toll. Dann lebt mal den Winter über von Schokolade und Gummibären.«

»Er hat auch Käse und Wurst und Eier und Brot und jede Menge Konservendosen.«

»Du bist verrückt, total verrückt!« Neunauge stand auf. »Er hat auch einen Hund da drin, der jeden von euch beiden quer ins Maul nehmen könnte. Ich seh' mich jetzt zwischen den letzten Wagen um, bevor die auch noch weg sind.«

»Kannst du vergessen!« rief Feuerkopf hinter ihr her, aber sie störte sich nicht drum, sondern lief dorthin, wo einer der Wagen ganz dicht am Waldrand stand.

3. Kapitel

in dem Neunauge in eine sehr, sehr
brenzlige Lage gerät

Es war ein riesiger, angerosteter Wohnwagen mit geblümten Vorhängen und einem hölzernen Namensschild über der Eingangstür. Er stand so dicht am Waldrand, daß eine große Buche ihre Äste und Zweige schützend über ihn hielt und ihm aus ihren herabgefallenen Blättern eine rostrote Mütze aufs Dach gesetzt hatte.

Mit wieselflinken Schritten flitzte Neunauge hinter dem Buchenstamm hervor und unter den Bauch des Wohnwagens. Der Braune war zwar offenbar nicht zu Hause, aber ein Kobold konnte nicht vorsichtig genug sein. Neunauge sah sich um.

In dem dämmrigen Licht war außer ein paar vereisten Pfützen nichts zu entdecken. Nur ein paar leere Bierdosen lagen herum, eine zerrissene Plastiktüte und jede Menge dreckiger, halbverrotteter Papiertaschentücher. Nichts! Absolut nichts!

Nicht mal eine Apfelkröse, an der man noch ein bißchen knabbern könnte. Kein angebissenes Butterbrot oder eine alte Käserinde. Verdammter Mist!

Neunauge huschte hinter eins der großen Räder und lugte vorsichtig hervor. Nur ein paar Meter entfernt lag die Stelle, an der die Menschen manchmal Feuer machten, um Fleisch darüber zu braten. Bei der Erinnerung an die wunderbaren Gerüche, die dann über die Lichtung zogen, lief der hungrigen Neunauge das Wasser im Mund zusammen. Manchmal fanden sich dort noch Kartoffeln oder Fleischreste in der kalten Asche. Da hatte Feuerkopf bestimmt noch nicht nachgesehen. Es war reichlich riskant, denn es gab keinerlei Deckung – nur kahle Erde und niedriges Grün. Aber der Hunger kniff und biß in ihrem Magen, und außerdem hätte sie Feuerkopf zu gern bewiesen, daß sie schlauer und mutiger war als er.

Ihr Blick wanderte hinüber zu den anderen Wagen. Bei dem einen drang Licht unter den zugezogenen Vorhängen hervor. Doch er stand ganz am anderen Ende der Lichtung. Der andere war da schon bedrohlicher, denn er war nur wenige Menschenschritte von dem Feuerplatz entfernt.

Aber trotz des düsteren Morgens brannte dort kein Licht – ein gutes Zeichen, fand Neunauge.

Sie warf noch schnell einen Blick zur Holzhütte. Auch die war dunkel. Neunauge biß sich auf die Lippen. Dann sprang sie mit einem geschmeidigen Satz hinter dem dicken Reifen hervor, jagte tief gebückt über die kahle Erde und warf sich keuchend hinter einen der großen Steine, die die Feuerstelle umgaben. In seinem Schutz blieb sie erst mal liegen.

Die Lichtung lag immer noch totenstill im grauen Morgenlicht da, ein bißchen so, als wäre mit dem ersten Frost die Zeit stehengeblieben. Neunauge richtete ihre scharfen Koboldaugen auf den Waldrand. Fast hätte sie laut losgelacht. Zwei erstaunte Augenpaare starrten von dort in ihre Richtung. Na, denen hatte sie was zu sehen gegeben! Ein leises Kichern konnte sie sich nicht verkneifen. Noch nie hatte sich ein Kobold bei Tageslicht an die Feuerstelle getraut.

Wie eine kleine, pelzige Schlange schob sich Neunauge in die Mitte des Steinrings. Asche und Holzkohle bedeckten die kalte Erde. Sie schnüffelte und stöberte umher, aber anscheinend hatte der Hund des Braunen alles Interessante bereits

21

aufgefressen. Es roch so stark nach ihm, daß sich Neunauges Nackenfell sträubte und sie fürchtete, jeden Moment seinen heißen Atem im Nacken zu spüren. Aber immer noch war alles still, mäuschenstill.

Da – plötzlich drang ihr doch noch ein interessanter Geruch in die Nase. Sie schob sich noch ein Stückchen weiter – und wirklich: Da lagen zwei Kartoffeln in der Asche. Ziemlich große sogar. Sollte sie die hier essen? Unmöglich. Viel zu gefährlich. Also mitnehmen. Aber wie?

Neunauge hockte sich auf die Knie und schlug ihre Krallen in eine von den runzligen Dingern, zog sie heran und klemmte sie sich unter den Arm. Ja, das würde gehen!

Unter jedem Arm eine Kartoffel, richtete sie sich vorsichtig auf und lief wieder zu einem der großen Steine. Von Siebenpunkt und Feuerkopf war nichts zu sehen. Na, egal. Die warteten wahrscheinlich schon hinter dem Wohnwagen auf sie. Mit triumphierendem Grinsen schob sie sich aus der Deckung und begab sich, leicht taumelnd unter ihrer schweren Last, auf den Rückweg. Sie sah hinüber zum Haus des Braunen. Nichts. Auch die Wohnwagen standen weiter stumm und verschlafen da. Dann richtete sie den Blick auf ihr Ziel, den schützenden Schatten hinter dem großen Rad. Sie blieb stocksteif stehen. Zuerst wollte sie die Kartoffeln fallen lassen. Aber ihre Krallen wollten die wertvolle Beute einfach nicht freigeben. So stand sie nur wie angewurzelt da, mitten auf der offenen Lichtung. Aus der Dunkelheit unter dem Wohnwagenbauch starrten sie zwei riesige, gelbgrüne Augen an.

Sie hatte die Katze vergessen. Katzen hört man nicht. Aber sie hätte sie riechen müssen!

»Verdammt!« stieß sie zwischen den Zähnen hervor. Sie wagte sich nicht zu rühren. Sie wußte nur zu gut, im selben Augenblick würde die Katze springen.

Na, mach schon! dachte Neunauge.

Und die Katze sprang. Ihr getigerter Körper schoß aus dem Schatten hervor, raste wie der Blitz an der fassungslosen Neunauge vorbei und jagte den Stamm einer schlanken Buche hinauf, als wäre der Teufel hinter ihr her. Als sie oben zwischen den rostroten Blättern verschwunden war, hörte Neunauge sie wütend fauchen.

»Schnell!« hörte sie Feuerkopfs Stimme, und sein roter Schopf erschien für einen Augenblick hinter dem Wohnwagenreifen. »Steh da nicht rum!« zischte er. »Komm!«

Die Betäubung fiel von Neunauge ab, und so schnell sie konnte, wankte sie mit ihrer wertvollen Last auf den schützenden Wohnwagen zu. Dort nahmen Feuerkopf und Siebenpunkt ihr die Kartoffeln ab, und zu dritt rannten sie, so schnell sie konnten, ein Stück in den Wald hinein.

Sie flüchteten zu Siebenpunkts Behausung, einem großen, schon lange verlassenen Kaninchenbau ganz in der Nähe des Campingplatzes. Der einzige offene Eingang lag gut versteckt unter der kahlen Krone eines umgestürzten Baumes, die von riesigen Brennesseln und Brombeergestrüpp durchwuchert war.

Keuchend erreichten die drei Kobolde den toten Baum. Hastig zwängten sie sich zwischen den dornigen Brombeerranken und abgestorbenen Ästen zu dem dunklen, kleinen Eingang vor. Siebenpunkt zerrte das Stück Schaumstoff heraus, mit dem er das Loch immer verstopfte, und dann verschwanden die drei in der sicheren Dunkelheit.

»Wartet, ich mache Licht!« sagte Siebenpunkt.

Erschöpft ließen die anderen beiden sich in die weichen Blätter fallen, mit denen Siebenpunkt sein ganzes Haus gepolstert hatte.

»Licht?« fragte Feuerkopf. Selbst Tagkobolde wie Neunauge, Siebenpunkt und Feuerkopf können im Dunkeln recht gut sehen.

»Ich finde Licht gemütlich«, sagte Siebenpunkt und fummelte an einer großen Röhre herum. Sie steckte zur Hälfte in einem der vielen Gänge, die aus der Höhle hinausführten.

»Achtung!« rief er, und eine große, runde Lichtscheibe erleuchtete die Höhle mit mattem Licht.

»Was, zum Teufel, ist das denn?« Neugierig kam Feuerkopf näher und betastete mit seinen Fingern die leuchtende Scheibe.

»Hab' ich unter einem Wohnwagen gefunden«,

meinte Siebenpunkt stolz. »War ganz schön anstrengend, sie hierher zu schleppen!«

»Das ist eine Taschenlampe«, sagte Neunauge und begann, einer der Kartoffeln die runzelige Haut abzureißen. Sie hatte sich von ihrem Schreck schon wieder ziemlich erholt. »Und jetzt erzählt mal, wie ihr das mit der Katze geschafft habt. Ich schätze, ich habe es euch zu verdanken, daß ich nicht fein zerkaut in ihrem Magen sitze.«

»Keine Ursache«, sagte Feuerkopf. »Wir haben dich sowieso nur gerettet, damit die schönen Kartoffeln nicht verlorengehen.«

»Das stimmt überhaupt nicht!« Siebenpunkt schüttelte energisch den struppigen Kopf.

»Er hat recht!« Feuerkopf grinste. »Stimmt nicht. Das mit der Katze war so: Wir waren dabei, dich bei deinem todesmutigen Unternehmen zu beobachten, als Siebenpunkt plötzlich etwas sehr Unerfreuliches bemerkte. Dieser kleine, getigerte Katzenteufel hatte es sich unter dem Wohnwagen bequem gemacht und wartete dort genüßlich darauf, dich zu verspeisen. Das konnten wir natürlich nicht zulassen. Also sind wir hinter den Wohnwagen geschlichen, und ich hab' den Hund des Braunen nachgemacht – genauso, wie es klingt,

wenn er zornig und hungrig ist. Ungefähr so!«
Feuerkopf legte den Kopf in den Nacken und ließ
ein tiefes, bedrohliches Knurren hören. Es klang
so echt, daß Siebenpunkt und Neunauge ein
Schauder über den Rücken lief.

»Alle Achtung!« sagte Neunauge. »Darauf wäre
ich auch reingefallen. Ein Glück, daß ich das nicht
gehört habe. Sonst hätte ich bestimmt gedacht,
Hund *und* Katze hätten es auf mich abgesehen.
Aber jetzt«, sie kratzte das letzte Stückchen Schale
von ihrer Beute, »jetzt gibt's erst mal was zu es-
sen. Das haben wir uns schließlich hart verdient.«
Genüßlich gruben sie ihre scharfen Krallen in die
weichen Kartoffeln und stopften Brocken für
Brocken in ihre leeren Bäuche. Von den beiden
Kartoffeln blieb nicht das klitzekleinste
Bröckchen über. Und zum ersten Mal seit vielen
Tagen und Nächten rollten die drei Kobolde sich
zufrieden und satt zum Schlafen zusammen.

4. Kapitel

worin Siebenpunkt
etwas erzählt, was er eigentlich
schon lange weiß

Mit vollem Bauch schläft es sich besser als mit leerem. Als Siebenpunkt, Feuerkopf und Neunauge wach wurden, hatten sie einen Nachmittag, einen Abend und eine ganze Nacht verschlafen.

Der neue Morgen war kein bißchen freundlicher als der letzte. Als die drei ihre spitzen Nasen aus Siebenpunkts Höhle streckten, schlug ihnen feuchtkalte Winterluft entgegen.

Fröstelnd krochen sie ins Freie. Feuerkopf kletterte in die abgestorbene Baumkrone und hockte sich dort gähnend auf einen dicken Ast. Die anderen folgten ihm.

Mißmutig starrten sie zur Sonne hinauf, die nur ein milchiger Fleck am grauen Himmel war.

»Sieht fast so aus, als wäre sie weiter weg als sonst!« meinte Neunauge. »So klein und blaß sieht sie aus.«

»Hoffentlich verläßt sie uns nicht ganz!« knurrte Feuerkopf und schüttelte sich. »Es ist jedes Jahr dasselbe. Alle kriegen einen dicken Winterpelz, nur ich nicht.«

»Na ja«, Neunauge strich über sein dickes, schwarzes Fell, »ich finde, du kannst dich nicht beklagen.« Sie seufzte und räkelte sich. »Es ist ein wunderbares Gefühl, endlich mal wieder satt zu sein!«

»Ja, wunderbar!« Siebenpunkt nickte und schmatzte zufrieden.

»Und damit wir den ganzen Winter über so wunderbar satt bleiben«, meinte Feuerkopf, »sollten wir uns noch etwas Proviant aus der Hütte des Braunen holen.«

»Jetzt fängst du schon wieder an.« Ärgerlich blitzte Neunauge ihn von der Seite an. »Es ist zu gefährlich!«

»Und was war das, was du gestern gemacht hast?«

»Das… war was anderes.«

»Ich glaube«, Siebenpunkt räusperte sich verlegen, »ich glaube, es gibt da noch eine andere Möglichkeit, an Wintervorrat zu kommen…«

Überrascht sahen die anderen beiden ihn an.

»Und was wäre das?« fragte Feuerkopf.

»Ich hab' seit einiger Zeit einen kleinen Aussichtsplatz in einer alten Ulme«, erzählte Siebenpunkt, »direkt an der Lichtung. Ganz friedlich. Windgeschützt und schön warm, wenn die Sonne scheint. Ich sitze auch abends oft da. Gucke mir an, was auf der Lichtung vor sich geht, halte ein Schwätzchen mit den Raben, na ja… Dabei ist mir aufgefallen, daß der Wohnwagen am Waldrand wohl schon länger unbewohnt sein muß. Nur der Braune geht ab und zu hin, rüttelt an der Tür und guckt durch die Fenster.«

»Und?« Feuerkopf wurde ungeduldig.

»Nun ja«, Siebenpunkt zuckte die Achseln, »vielleicht sind da ja auch noch Vorräte drin. Ist doch bestimmt nicht so gefährlich, da mal nachzusehen, wie in die Hütte vom Braunen zu gehen.«

»Keine schlechte Idee.« Neunauge kratzte sich nachdenklich den Bauch. »Aber ich habe keine Ahnung, wie man in so eine Riesenblechdose reinkommen könnte. Ihr vielleicht?«

»Ich weiß, wie!« sagte Siebenpunkt stolz.

»Mann, warum hast du uns das nicht eher gesagt?« fragte Feuerkopf ärgerlich.

»Ich dachte, es ist zu gefährlich. Aber eh' daß ich verhungere…«

»Dann schieß mal los«, Neunauge sah Siebenpunkt gespannt an, »wie kommen wir rein?«

»Ziemlich weit unten an einer Seite«, erklärte der
Kobold mit Verschwörermiene, »ist ein Rostloch
in der Wand, etwas größer als mein Kopf. Da
müßten wir uns durchzwängen können.«

»Das sollten wir uns gleich heute nacht mal ansehen.« Feuerkopf zappelte so aufgeregt auf dem
Ast herum, daß er fast kopfüber heruntergefallen
wäre. »Vielleicht müssen wir ja doch nicht verhungern.«

5. Kapitel

das von Nudeln in Tomatensoße handelt
und von Schritten in der Dunkelheit

Bei Sonnenuntergang machten sie sich
wieder auf den Weg. Immer noch war der
Himmel wolkenverhangen, und kein Stern und
kein Mond machte die aufziehende Dunkelheit

etwas freundlicher. Stumm tappten die drei kleinen Gestalten durch das hohe Gras, zwischen verwelkten Kräutern und düsteren Brombeerdickichten hindurch. Die vielen abgefallenen Blätter machten das Gehen anstrengend. Zum Glück gab es so dicht bei der Lichtung kaum größere Tiere, vor denen sie sich in acht nehmen mußten.

Es war stockdunkel, als sie wieder am Rand der Lichtung standen. Selbst ihre Koboldaugen durchdrangen die Schwärze der Nacht nur mühsam. Das Auto des Braunen stand vor dem Tor, und aus seiner Hütte drang ein matter Lichtschein. Der Hund war mit in der Hütte, das wußten sie. Der Braune nahm ihn immer mit hinein. Die drei Wohnwagen waren dunkel und standen wie dunkle Riesenbauklötze zwischen den Bäumen.

»Los!« flüsterte Neunauge, und sie huschten zu der großen Buche und von da unter den verlassenen Wohnwagen.

»Welche Seite ist es?« fragte Feuerkopf.

»Die linke«, flüsterte Siebenpunkt und schlich voran. »Da oben ist es«, zischte er und schob sich vorsichtig unter dem Wohnwagen hervor. Eine gute Koboldlänge über ihnen klaffte ein schwarzes Loch in der dunklen Wand.

»Du stellst dich hierhin!« Neunauge schob Feuerkopf mit dem Rücken gegen die Wohnwagenwand. »Ich bin die leichteste und kleinste von uns. Ich klettere auf deine Schultern und versuche hineinzukommen.«

»Okay.« Feuerkopf nickte. »Und was dann?«

»Na, dann kletterst du auf Siebenpunkts Schultern, und dann ziehen wir zusammen Siebenpunkt hoch.«

»Und wer steht Wache?«

»Also, ich auf keinen Fall«, flüsterte Siebenpunkt, »das ist mir zu unheimlich.«

»Dann Feuerkopf.«

»Kommt gar nicht in Frage«, zischte Feuerkopf, »meinst du, ich langweile mich hier unten rum, während ihr euer Abenteuer habt? Nichts da!«

»Na gut, dann gibt's eben keine Wache.« Neunauge trat vor Feuerkopf. »Leg deine Hände zusammen, damit ich draufsteigen kann.«

Im Nu stand sie auf Feuerkopfs Schultern und griff von dort in das Rostloch, das vor ihr in der glatten Metallwand klaffte. »Verdammt!« fluchte sie. »Die Kanten sind scharf!«

Ein paar feine Rostsplitter regneten auf Siebenpunkt und Feuerkopf herab, und dann war Neunauge plötzlich verschwunden. Ein paar Atemzüge später hörten sie sie leise kichern.

»Gar kein Problem«, zischte sie von oben herunter, »kommt rauf!«

Es war etwas schwierig, den struppigen, runden Siebenpunkt durch das enge Loch zu ziehen, aber schließlich standen sie alle drei im Inneren des Wohnwagens. Das Loch war zu ihrem Glück nur wenige Zentimeter über dem Fußboden des Wohnwagens, und sie hatten sich nur durchplumpsen lassen müssen. Direkt über ihnen waren ein paar Rohre, und fast direkt vor ihrer Nase ragte die Rückwand eines Schrankes in die Höhe.

Sie tasteten sich bis zu einer Ecke vor und traten ins Freie. Vor ihnen lag der Innenraum des Wohnwagens. Sie erkannten eine Bank und einen Tisch, ein Ding, wie es die Menschen zum Kochen benutzen, einen kleinen Schrank und ein Regal.

»Also, an die Arbeit!« sagte Feuerkopf.

»Puh, das riecht vielleicht muffig hier«, sagte Neunauge und zog die Nase kraus. »Ich glaube, ich bin froh, wenn wir hier wieder raus sind.«

Gleich der kleine Schrank war ein Volltreffer. Die Besitzer des Wohnwagens hatten scheinbar die Absicht, vor dem Winter noch einmal zurückzukehren. Da standen Konservendosen mit Bohnen und Erbsen und Nudeln in Tomatensoße und eine Büchse Dosenmilch. Ein Beutel mit Äpfeln lag im Regal, und auf dem Tisch stand eine Schale mit Nüssen.

»Also, die Äpfel«, meinte Neunauge, »die können wir einzeln aus dem Loch werfen, die Nüsse auch, sogar die Dosenmilch. Aber kann mir einer von euch sagen, wie wir die verdammten Konservendosen rauskriegen sollen?«

»Die kleinen Erbsendosen müßten so gerade noch durchpassen«, sagte Feuerkopf, »aber die anderen«, er kratzte sich den Kopf, »die müssen wir wohl hierlassen.«

»O nein!« Siebenpunkt stöhnte vor Enttäuschung. »Die Nudeln in Tomatensoße hierlassen?«

»Wir können sie aus dem Fenster schmeißen«, Feuerkopf grinste, »dann haben wir aber mit Sicherheit den Braunen auf dem Hals. Sind die Dinger dir das wert?«

»Schon gut, schon gut!« Siebenpunkt seufzte. »Aber wir könnten doch wenigstens eine Dose hier essen, oder?« Er warf den anderen beiden einen flehenden Blick zu.

»Ich weiß nicht«, sagte Neunauge zögernd, »ich fühle mich nicht sonderlich wohl hier!«

»Ach, was soll schon passieren?« meinte Feuerkopf lässig. »Schließlich haben wir dann für die nächsten Tage erst mal einen vollen Magen. Das ist doch was, oder?«

»In dem kleinen Schrank hab' ich einen Dosenöffner gesehen!« sagte Siebenpunkt eifrig und flitzte hin. »Seht ihr?«

»Na, so ein Glück, das ist keins von den ganz einfachen Modellen«, stellte Feuerkopf fest.

»Stimmt.« Siebenpunkt lächelte und leckte sich voller Vorfreude die Lippen. »Wir müssen nur diesen Griff hier drehen und – schwups – haben wir die Dose auf.«

Feuerkopf zerrte den Dosenöffner aus dem Schrank, und Neunauge sprang flink ins Schrankinnere.

»Ravioli«, murmelte sie und betrachtete mit gerunzelter Stirn die Bilder auf den Dosen. »Die hier müßte richtig sein«, sagte sie schließlich und stemmte ihre pelzige Schulter dagegen. »Paßt auf, sonst rollt das verdammte Ding einmal quer durch den Wohnwagen.«

Polternd fiel die Dose herunter, und Feuerkopf bremste sie geschickt mit dem Dosenöffner.

»Eine verflixte Schinderei ist das immer!« stöhnte Siebenpunkt, während er half, die Konservendose aufzurichten.

»Na, du wolltest ja unbedingt Ravioli essen«, sagte Neunauge ärgerlich.

Endlich stand das schwere Ding. Siebenpunkt hielt den Dosenöffner hoch, und Feuerkopf drehte. Knackend bissen sich die Metallzähne in den Dosendeckel. Aus dem Spalt, den sie hinterließen, drang ein köstlicher Geruch.

Siebenpunkt schnupperte genüßlich daran und griff dann hastig nach dem Deckel. »Au!« jammerte er und betrachtete besorgt seine Hand.

»Es ist immer dasselbe«, Neunauge kicherte, »an

jeder Dose muß er sich erst mal die Finger schnei-
den. Du bist zu gierig, Siebenpunkt!«

Der dicke Kobold warf ihr einen beleidigten Blick
zu und faßte den Deckel vorsichtiger an.
»Schraubgläser sind viel netter als diese verflixten
Dosen«, brummte er, während sie den gezackten
Deckel zurückbogen.

»Diesen Dosenöffner sollten wir mitnehmen«,
sagte Feuerkopf, griff in die Dose und fischte eine
soßentriefende Nudel heraus. »Mein Dosenöffner
bekommt nicht die kleinste Dose mehr auf.«

»Meiner auch nicht.« Siebenpunkt schmatzte und
wischte sich die Tomatensoße vom Kinn.

»Wenn ihr euch noch mehr mit der verdammten
Soße bekleckert«, schimpfte Neunauge, »findet
euch jeder Hund durch die Soßenspur, die ihr
hinterlaßt!«

Zerknirscht sahen die beiden an sich hinunter. Ihr
Fell war über und über mit fettiger Tomatensoße
besprenkelt.

»Wälzt euch auf dem Teppich da«, brummte
Neunauge, »und dann laßt uns hier verschwinden!«

Gehorsam rollten Feuerkopf und Siebenpunkt
sich auf dem harten, muffigen Teppich herum, bis

sie wenigstens halbwegs sauber waren. Dann schoben sie die fast leere Dose ganz hinten unter die Sitzbank und schleppten alles, was sie mitnehmen wollten, zu dem Rostloch.

»Ich spring' schon mal runter«, sagte Feuerkopf und schob ein schwarzes Bein aus dem Loch. »Ihr werft mir dann die Sachen zu, und ich roll' sie unter den Wagen. Abgemacht?«

»Abgemacht.«

Feuerkopf verschwand. Sie hörten einen dumpfen Plumps, und kurze Zeit später drang seine Stimme hinauf: »Es kann losgehen!«

Sie hatten bereits drei kleine Dosen Erbsen, die Dosenmilch, den Dosenöffner, zwei Äpfel und mehrere Nüsse durch das Loch befördert und wollten gerade den letzten Apfel hindurchzwängen, als Siebenpunkt einen spitzen Schrei ausstieß.

»Die Tür«, stotterte er und rüttelte dabei verzweifelt an Neunauges Arm herum, »da, Neunauge, die Tür!«

Neunauge begriff sofort. »Feuerkopf, verschwinde!« zischte sie hinunter. »Lauf, der Braune kommt!«

Aber Feuerkopf hörte sie nicht. Er war gerade dabei, die Dosen unter den Wohnwagen zu rollen und fluchte höllisch, weil ihm eine über den Fuß gerollt war.

In der Dunkelheit war eine Taschenlampe aufgeflammt. Entsetzt starrte Neunauge auf den schmalen Lichtkegel, der sich über die düstere Lichtung tastete, und auf den riesigen Schatten, der mit schweren Schritten auf den Wohnwagen zukam.

»Feuerkopf!« Verzweifelt versuchte sie, den schwarzen Kobold irgendwo da unten zu entdecken.

Feuerkopf kam, immer noch fluchend, unter dem Wohnwagen hervor und wollte gerade einen Apfel wegrollen, als er die Schritte hörte. Entsetzt fuhr er herum, und im selben Moment fiel das Licht einer Taschenlampe auf ihn. Geblendet stand er da, während Siebenpunkt und Neunauge vor Angst und Verzweiflung fast das Herz stehenblieb. Aber ehe der Braune ganz begriff, was das da vorne bei dem alten Wohnwagen eigentlich war, und gerade, als sein Hund einen Satz auf Feuerkopf zu machte, nahm der die Beine in die Hand und rannte um sein Leben. Er flitzte unter den Wohnwagen, wohin ihm der Hund zum Glück nicht folgen konnte, weil er viel zu groß war. Feuerkopf raste darunter hindurch, auf die große Buche zu, krallte sich in ihre Rinde und kletterte schneller an ihrem Stamm hinauf als ein Eichkater. Der Braune ging mißtrauisch um den Wohnwagen herum, leuchtete in die Fenster, rüttelte an der Tür und blieb schließlich genau vor dem Rostloch stehen. Wenn Neunauge die Hand ausgestreckt hätte, hätte sie seine Hose berühren können.

»Komisch!« hörten sie ihn brummen. Zwei Äpfel und eine Nuß lagen vor seinen Stiefeln. Er trat dagegen, und sie rollten unter den Wohnwagen. Der Hund war immer noch damit beschäftigt, um die Buche herumzuschnuppern.

»Komm her, Brutus!« rief der Braune und drehte dem Wohnwagen den Rücken zu.

»Laß das verdammte Eichhörnchen in Ruhe.«
Zögernd gehorchte der große Hund.

»Ich werde hier morgen ein paar Rattenfallen auf-
stellen«, brummte der Braune, dann ging er zu
seiner Hütte zurück. Brutus folgte ihm nur sehr
widerwillig, aber endlich waren beide in der Hütte
verschwunden. Die Tür fiel zu, und die Lichtung
lag wieder still und dunkel da. Siebenpunkt und
Neunauge saßen immer noch wie erstarrt in dem
Wohnwagen. Schließlich regte sich Neunauge.

»Das war knapp!« seufzte sie. »Noch so ein Tag
wie dieser, und ich falle auf der Stelle tot um, das
kannst du mir glauben.«

»Ich glaube, ich bin jetzt schon tot!« jammerte
Siebenpunkt.

»Bist du nicht!« stellte Neunauge nüchtern fest
und warf den letzten Apfel hinaus. »Aber ich
wüßte zu gern, was mit Feuerkopf ist. Es ist so
verdammt still da unten.« Vorsichtig schob sie
ihren pelzigen Körper aus dem scharfkantigen
Loch. »Komm nach«, sagte sie zu Siebenpunkt,
dann stieß sie sich ab.

Unsanft landete sie auf der harten Erde, aber sie
rappelte sich sofort auf und sah sich suchend um.
»Feuerkopf?« rief sie leise. »Wo bist du?«

Neben ihr landete mit einem lauten Plumps der dicke Siebenpunkt. Neunauge lief unter den Wagen. Da lagen ihre Beutestücke fein säuberlich nebeneinander. Und auf der größten Dose thronte der schwarze Kobold.

»Hier bin ich«, sagte er, »sie haben mich für ein Eichhörnchen gehalten. Zumindest der Braune. Bei seinem Hund bin ich nicht so sicher.«

»Ich dachte, sie hätten dich erwischt!« seufzte Neunauge.

»Keine Chance!« Feuerkopf grinste und hüpfte von der Dose herunter. »Los, wir haben noch viel zu tun, bis es hell wird.«

6. Kapitel

das mit einer bösen Überraschung
beginnt und mit einem wagemutigen
Entschluß endet

»Verdammt!« fauchte Feuerkopf
und trat kräftig gegen die Konservendose, die vor ihm stand. »Verdammt, verdammt, verdammt!«

»Was nun?« fragte Neunauge. »Das ist jetzt schon
die dritte, die verdorben ist.«

»Vor allem sollten wir das stinkende Zeug aus
meiner Höhle schaffen«, maulte Siebenpunkt,
»sonst muß ich mir für den Winter auch noch eine
neue Wohnung suchen!«

»So ein verdammter Reinfall!« Feuerkopf ging
wutschnaubend zwischen den geöffneten Dosen
auf und ab. »Noch nie ist mir das passiert! Diese
Dinger halten sonst ewig!«

»Na, die hier nicht«, sagte Neunauge und begann
die Dosendeckel wieder zuzudrücken. »Die müssen schon seit Jahren in diesem Wohnwagen gestanden haben.«

»Bleiben uns nur noch die Äpfel und die Nüsse«, schimpfte Feuerkopf, »und wer weiß, ob die nicht auch verdorben sind.«

Siebenpunkt zerbrach eine der hellen, welligen Schalen und beschnupperte besorgt die zwei braunen Kerne im Inneren. »Scheinen gut zu sein!« stellte er erleichtert fest.

»Na, wenigstens etwas.« Neunauge stemmte ihre pelzige Schulter gegen eine der Dosen. »Kommt, wir schieben sie wieder raus.«

»Aber bitte weit weg von meinem Bau«, sagte Siebenpunkt, »der Gestank ist wirklich widerlich.«

Die Dosen wieder aus Siebenpunkts Wohnung herauszubekommen, war fast doppelt so anstrengend wie das Herbeischaffen. In ihrer Siegesfreude und ihrem Beutestolz war ihnen das Gewicht ganz lächerlich vorgekommen, aber jetzt ließ ihre Enttäuschung die verflixten Dinger unglaublich schwer werden. Hinzu kam noch, daß sie die offenen Dosen nicht rollen konnten.

Nachdem sie es endlich geschafft hatten, hockten sie sich müde und traurig vor dem toten Baum ins Gras. Die Sonne stand schon hoch am Himmel. Ein bißchen Blau blinkte zwischen mächtigen, grauen Wolkenbergen hervor, aber es war noch kälter geworden, und der Wind riß die trockenen Blätter gleich büschelweise von den Bäumen. Besorgt sahen die drei Kobolde zum Himmel. Im Sommer hätten bei solch einem Wetter die Baumkronen über ihnen gerauscht, aber heute knatterten und knisterten die Bäume im kalten Wind, als wären sie aus Eis.

»Da starten wir einen der mutigsten Beutezüge, den je ein Kobold gewagt hat«, knurrte Feuerkopf, »und wie wird unsere Mühe belohnt?« Ärgerlich begann er, eins der heruntergefallenen Blätter in winzige Stücke zu zerreißen.

»Jetzt haben wir vielleicht Proviant für eine Woche«, sagte Neunauge, »aber wir brauchen welchen für mindestens drei Monate!«

»Wir könnten ja anfangen, uns von Blättern zu ernähren«, brummte Feuerkopf, »davon gibt es reichlich.«

»Ich habe sie mal probiert«, sagte Siebenpunkt mit bedrückter Stimme, »sie schmecken scheußlich und machen so satt wie ein Bissen Luft.«

Neunauge seufzte und betrachtete eine Zeitlang stumm ihre Füße. Dann atmete sie tief ein und sagte: »Ich gebe es nicht gern zu, aber ich glaube jetzt auch, daß Feuerkopf recht hat. Wir müssen uns in diesem Winter den Proviant aus der Hütte des Braunen holen.«

Sprachlos starrten die andern beiden sie an.

Dann breitete sich ein Grinsen auf Feuerkopfs schwarzem Fellgesicht aus. »Hab' ich doch gesagt.« Er richtete sich stolz auf. »Er muß Unmengen dort lagern. Die Leute haben dieses Jahr schließlich kaum etwas bei ihm gekauft!«

»Das…«, Siebenpunkt schluckte, »das…«, er schluckte noch mal, »das ist zu gefährlich!« Seine kleinen Augen blickten Neunauge ungläubig an. »Du hast doch selbst gesagt, es ist zu gefährlich!«

Neunauge zuckte müde die Schultern. »Das denke ich auch immer noch. Es ist viel zu gefährlich. Glatter Wahnsinn. Absoluter Selbstmord. Aber mir fällt nichts Besseres ein!«

»Ach was!« Feuerkopf war schon wieder in Siegesstimmung. »Ich würde sagen, wir machen auf der Stelle einen Plan!«

»Nein!« Neunauge schüttelte den Kopf und stand auf. »Mir reicht's erst mal! Ich brauche ein paar Tage Pause. Ich will mein Leben noch ein bißchen genießen, bevor ich mich dem Hund des Braunen zwischen die Zähne klemme. Ich werde mir eine Nuß mitnehmen, mich in meine Höhle verkriechen, ein bißchen nachdenken und Kräfte sammeln. Auf die paar Tage«, sie warf einen Blick zu den großen Wolken hinauf, »kommt es jetzt auch nicht mehr an. Der Schnee ist noch weit.« Sie sah an sich hinunter. »Seht ihr? Mein Fell sträubt sich. Es wird Zeit, daß ich in die Blätter komme.«

Sie drehte sich noch einmal zu Siebenpunkt um, der sie mit todtraurigen Augen ansah. »Keine Sorge«, sagte sie und strich ihm über den zottigen Kopf. »Du wirst schon nicht verhungern. Uns ist bisher immer was eingefallen.«

»Sie hat recht, alter Junge«, meinte Feuerkopf und knuffte den dicken Kobold freundschaftlich in die Seite, »wir ruhen uns jetzt alle ein paar Tage von unseren Heldentaten aus, und dann sorgen wir für den Winter.«

»Ich habe schon wieder Hunger«, seufzte Siebenpunkt.

»Du hast immer Hunger«, Neunauge lachte, »das hat nichts zu bedeuten.« Sie verschwand in Siebenpunkts Höhle und kam mit einer Erdnuß unterm Arm wieder hervor. »Macht's gut!« sagte sie. »Ich schlage vor, wir treffen uns das nächste Mal zur Abwechslung bei Feuerkopf. Und zwar bei Sonnenaufgang in zwei Tagen.«

»Einverstanden«, sagte Feuerkopf und rappelte sich hoch. »Meine Nuß nehme ich mir das nächste Mal mit. Aber wehe, du frißt sie auf!« Er grinste Siebenpunkt noch einmal aufmunternd zu, dann war auch sein roter Schopf zwischen gelbem Gras und wirbelnden Blättern verschwunden.

Siebenpunkt blieb noch ein paar Augenblicke sitzen. Dann stand er auf, verschloß seine Höhle und machte sich auf zu seinem Aussichtsplatz an der Ulme. Er wollte den Braunen noch ein bißchen beobachten.

7. Kapitel

in dem Neunauge nicht einschlafen kann
und ziemlich düstere Gedanken hat

In den nächsten beiden Tagen riß und rüttelte der Wind wütend an den Ästen der Bäume. Schließlich lösten sich auch die letzten Blätter von den Zweigen und flatterten müde zur Erde. Der Winter schob sein grimmiges Gesicht durch die kahlen Baumkronen und trieb mit eisigem Atem den Herbst zum Wald hinaus. Trotzdem behielt Neunauge recht: Aus dem eiskalten Regen wurde noch kein Schnee, und nur ein paar flache Tümpel waren mit dünnem Eis bedeckt.

Am Abend des zweiten Tages saß Neunauge am Ausgang ihrer Baumhöhle und sah zu, wie die Sonne rot hinter den nackten Bäumen versank. Ein paar Krähen strichen um den Stamm der hohen Eiche und erfüllten die Stille mit ihren heiseren Schreien. Neunauge schauderte. Sie hatte einmal einen bösen Kampf mit zwei Krähen gehabt, an den sie sich nur ungern erinnerte.

Gähnend warf sie einen letzten Blick nach draußen, wo die ersten Sterne bereits am Himmel

standen. Dann wühlte sie aus den Blättern, die ihre Höhle polsterten, eine große, alte Socke hervor. Sie hatte sie irgendwann bei den Wagen gefunden. Das häßliche Ding war genau das richtige für kalte Winternächte. Und von denen würde es von jetzt an wieder jede Menge geben. Die Socke war aus dicker, roter Wolle und hatte nur zwei kleine Löcher an den Zehen. Mit den Händen wühlte Neunauge noch ein paar Blätter über den Wollschlauch. Dann kroch sie so tief hinein, daß gerade noch ihre Nase, ihre Augen und ihre Ohren herausragten. Es war warm, es war weich, und von draußen drang kein beunruhigendes Geräusch zu ihr herauf. Aber Neunauge konnte trotzdem nicht einschlafen. Sie hatte jede Minute der letzten zwei Tage über nichts anderes nachgedacht als über den verflixten Wintervorrat. Sie hatte sich alles ins Gedächtnis gerufen, was sie je von anderen Kobolden über irgendwelche Nahrungsquellen erfahren hatte. Aber ihr war nichts eingefallen – nichts, was sie vor dem Überfall auf die Hütte des Braunen bewahren könnte. Es hatte einmal einen kleinen Bauernhof nicht weit von hier gegeben, direkt am Waldrand. Dort hatten sie immer mal ein paar Eier, etwas Milch oder Käse stibitzen können. Aber er war nun schon ein paar Jahre verlassen. Und all die Picknickausflüge, bei denen sie sich oft schon im Sommer einen großen Vorrat hatten anlegen können – in diesem Jahr waren sie buchstäblich ins Wasser gefallen! Sicher, es hatte viele Pilze gegeben in diesem Jahr, aber die hatten Horden von menschlichen Pilzsuchern in ihren Körben mit nach Hause geschleppt. Mit den Beeren war es nicht viel anders gewesen. Neunauge hatte als Kind einmal gehört, daß die Kobolde früher von Blättern, Wurzeln und so was gelebt hatten. Aber welche das gewesen waren, wußte heute niemand mehr.

Sie seufzte und rollte sich unruhig auf die Seite, auf den Rücken und wieder auf die Seite – aber der Schlaf wollte und wollte nicht kommen. Statt dessen sah sie nur immer wieder den Braunen vor sich, mit seinen riesigen Stiefeln, seinen großen, braunen Händen und seinen blauen Menschenaugen. Oder sie sah seinen Hund, wie er auf sie zukam, die scharfen Zähne gebleckt.

Neunauge fluchte und setzte sich auf. Draußen war es jetzt stockdunkel. Was, wenn der Braune morgen nicht wegfuhr? Oder wenn er seinen Hund daließ? Was wäre dann?

Neunauge seufzte. Sie wußte die Antwort nur zu genau. Sie würden auf die Suche gehen müssen! Das hatten auch vor ihnen schon Kobolde getan. Es waren allerdings nur wenige zurückgekommen. Eine von ihnen war die alte Tausendschön gewesen. Sie war vor vielen, vielen Jahren einmal auf Wanderschaft gewesen. Vielleicht würde sie ihnen sagen können, welche Richtung sie am besten einschlugen. Selbst von hier oben war der Wald in alle Himmelsrichtungen gleich grenzenlos und unergründlich. Und die falsche Richtung könnte den Tod bedeuten.

Neunauge schauerte und legte sich wieder hin. Gegen die Aussicht, im Winter ziellos durch den Wald zu irren, war ein kleiner Überfall auf die Vorräte des Braunen direkt ein Zuckerschlecken.

Verdammter Winter! dachte Neunauge. Und dann schlief sie doch noch ein.

8. Kapitel

das direkt in die Höhle des Löwen führt

Feuerkopfs Bau war eigentlich nicht viel mehr als ein tiefes Loch in der Uferböschung eines Baches. Vor neugierigen Blicken war er gut verborgen durch eine klapprige, schmale Holzbrücke. Die überspannte nämlich den kleinen Wasserlauf genau über Feuerkopfs Zuhause. Und Feuerkopf hatte seine Höhle gerade so hoch ins Ufer hineingegraben, daß das Wasser ihm auch bei den ärgsten Regenfällen oder bei Tauwetter nicht in die Wohnung schwappte.

Als Siebenpunkt und Neunauge oben auf der Brücke auftauchten, saß Feuerkopf auf einem großen Stein mitten im Bach und hielt seine schwarzen Zehen in das eiskalte Wasser.

»Was machst du denn da?« rief Siebenpunkt von oben und ließ sich dann schwerfällig die Böschung hinuntergleiten.

»Das ist die beste Methode, wach zu werden«, antwortete Feuerkopf mit verschlafener Stimme.

Neunauge stand immer noch oben auf der Brücke

und starrte fasziniert in das glitzernde Wasser unter ihr. Es war ein klarer Morgen. Gemächlich schob sich die Sonne über die Baumwipfel und brachte mit ihren matten Strahlen den Bach zum Schimmern. Das winterliche Morgenlicht ließ die ganze Welt wie frischgeboren aussehen. Und wäre nicht ihr Hunger gewesen, dann hätte Neunauge den Winter heute richtig gern gehabt.

»Steh lieber nicht so lange da oben rum!« rief Feuerkopf zu ihr hinauf. »Wer weiß, wer alles heute morgen noch nicht gefrühstückt hat!«

»Schon gut«, antwortete Neunauge und sprang gut gelaunt die Böschung hinunter. »Aber laßt uns wenigstens ein bißchen in der Sonne sitzen.«

»Okay.« Feuerkopf nickte und hüpfte von Stein zu Stein. Er landete schließlich auf einem, der direkt am Ufer lag und groß genug war für drei Kobolde. »Kommt hierher!« rief er und winkte die andern beiden zu sich. »Das hier ist ein Spitzenplatz. Nicht kalt, nicht feucht und schön gepolstert.«

Genüßlich streckte er sich auf dem Moosteppich aus, der fast den ganzen Stein überzog. Siebenpunkt und Neunauge hockten sich neben ihn und blinzelten in die aufgehende Sonne. Siebenpunkt begann, sein Fell mit den Krallen nach Flöhen zu durchkämmen.

»Ich war die letzten zwei Tage fast nur auf meinem Aussichtsplatz an der Lichtung«, sagte er.

»Und?« Die anderen beiden sahen ihn erwartungsvoll an.

Siebenpunkt zuckte die Schultern und zerknackte einen Floh zwischen den Fingern. »Es sind keine neuen Wagen dazugekommen. Es ist sogar noch einer weg. Der mit der Katze.«

»Wunderbar!« seufzte Neunauge erleichtert.

»Was den Braunen betrifft«, fuhr Siebenpunkt fort, »der ist die letzten zwei Tage fast nur in seiner Hütte geblieben. Er hat ein bißchen an seinem Auto herumgebastelt, aber ansonsten war von ihm nicht allzuviel zu sehen.«

»Es könnte also gut sein, daß er heute wegfährt«, sagte Feuerkopf nachdenklich. »Er hält es doch meistens nicht mehr als zwei Tage an einem Stück in seiner Hütte aus.«

»Stimmt.« Siebenpunkt nickte.

»Das heißt, wir haben noch zwei Stunden zum Faulenzen«, sagte Feuerkopf, »denn der Braune ist ein Langschläfer.«

»Wunderbar«, seufzte Neunauge und schloß die Augen. »Weckt mich bitte.«

»Und was ist mit unserem Plan?« fragte Siebenpunkt.

»Wir brauchen keinen«, murmelte Neunauge schläfrig. »Wir versuchen, in die Hütte rein- und heil wieder rauszukommen. Das ist alles.«

Siebenpunkt runzelte die Stirn. »Ich weiß nicht…«, murmelte er kläglich.

»Sie hat recht«, sagte Feuerkopf und schloß ebenfalls die Augen, »entweder wir sind satt heute abend oder…«

»Oder?« fragte Siebenpunkt ängstlich.

»Darüber denkst du besser nicht nach«, sagte Feuerkopf.

»Oje!« Siebenpunkt stöhnte und starrte auf den glitzernden Bach. »Oje, oje.« Aber dann ließ er sich doch noch zu einem Nickerchen neben seinen Freunden nieder.

Ihre Felle waren ganz warm von der Sonne, als Feuerkopf sich schließlich wieder aufsetzte. »Es wird Zeit«, sagte er.

Neunauge blinzelte verschlafen zur Sonne hinauf. »Du hast leider mal wieder recht«, stellte sie fest, räkelte sich noch einmal ausgiebig und rüttelte den dicken Kobold wach, der friedlich vor sich hin schnarchte. »Los, Siebenpunkt, wach werden. Wir müssen los.«

Widerwillig öffnete Siebenpunkt die Augen. »Los? Wohin?« Aber im gleichen Moment fiel es ihm ein. »Ach ja«, murmelte er und rappelte sich mit düsterer Miene hoch.

»Ich versteh' überhaupt nicht, warum ihr es so eilig habt.« Ächzend kletterte er den beiden hinterher.

Als sie die Lichtung erreichten, waren sie alle drei etwas außer Atem, aber endlich völlig wach. Und sie kamen gerade rechtzeitig. Der Braune war eben dabei, das rostige Eisentor zu öffnen, hinter dem der Weg lag, der in den Wald führte. Dann ging er in die Hütte und kam mit seinem Hund und einer Tasche wieder heraus. Er verfrachtete den Hund auf den Rücksitz und die Tasche in den Kofferraum.

»Haben wir ein Glück!« zischte Feuerkopf, und seine grünen Koboldaugen blitzten vor Unternehmungslust. »Das gibt uns jede Menge Zeit, uns umzusehen. Er kommt nie vor Mittag zurück!«

Neunauge wußte das auch. Sie alle kannten die Gewohnheiten des Braunen ziemlich genau. Aber trotzdem krampfte sich ihr Magen vor Angst und Aufregung zusammen. »Vielleicht sollten wir uns die Hütte erst mal nur ansehen«, flüsterte sie. »Wir drei können allein vielleicht nicht genug wegschleppen! Und auch nicht schnell genug! Wie wär's, wenn wir dafür noch Schwalbenschwanz und Blaupfeil Bescheid sagen?«

»Daran habe ich auch schon gedacht«, sagte Feuerkopf, »und deshalb wollte ich sie gestern besuchen, aber sie waren nicht mehr da!«

»Was heißt das, sie waren nicht mehr da?« fragte Neunauge mit leiser Stimme, während sie den Braunen nicht einen Augenblick aus den Augen ließ. Er schloß gerade die Hütte ab.

»Na, was schon?« flüsterte Feuerkopf. »Sie sind

weg. Verschwunden. Ihre Wohnungen sind sehr, sehr sorgfältig zugestopft. Das macht kein Kobold, wenn er nur mal kurz weggeht, oder?«

»Sie sind auf Wanderschaft gegangen?« flüsterte Siebenpunkt und rollte entsetzt mit den Augen. »Oje, oje!«

Der Braune stieg in sein Auto und schlug die Tür hinter sich zu. Das laute Geräusch ließ die drei zusammenzucken. Der Motor spuckte und knatterte, dann ging er wieder aus.

»Verdammtes Auto, spring an!« knurrte Feuerkopf.

Der Motor hustete – ging wieder aus. Fluchend stieg der Braune aus und öffnete die Motorhaube.

»Diese blöde, alte Klapperkiste!« schimpfte Feuerkopf. »Wann kauft der sich endlich mal ein neues Auto?«

Der Braune knallte die Haube wütend wieder zu und stieg noch mal ein. Diesmal klappte es. Der Motor heulte auf, und der große, schwarze Wagen schlingerte zum Tor hinaus. Die drei Kobolde grinsten sich erleichtert an.

»Was ist mit dem zweiten Wohnwagen?« fragte Feuerkopf Siebenpunkt.

Der dicke Kobold zuckte die Achseln. »Er ist bewohnt. Ein Mann, eine Frau und ein Kind. Aber sie kommen nur selten raus. Weiß der Kuckuck, was die da drin machen.«

»Du meinst, sie sind jetzt da drin?«

Siebenpunkt nickte. »Sehr wahrscheinlich.«

»Okay!« Feuerkopf kratzte sich den roten Schopf. »Dann schleichen wir uns von da hinten an die Hütte ran. Wo man uns von dem Wohnwagen aus nicht sehen kann. Einverstanden?«

»Bleibt uns wohl nichts anderes übrig«, sagte Neunauge. »Laßt uns die ganze Sache bloß schnell hinter uns bringen!«

Lautlos schlichen sie am Waldrand entlang. Sie mußten einen ziemlichen Umweg machen. Aber das war immer noch besser, als die dunklen Fenster des Wohnwagens im Nacken zu haben.

Nur noch fünfzig Koboldschritte von ihnen und dem schützenden Waldrand entfernt stand die Hütte des Braunen und wandte ihnen ihre düstere Rückwand zu.

»Hier sieht's aus wie auf einem Schrottplatz«, flüsterte Neunauge. Der Boden zwischen Waldrand und Hütte war übersät mit altem Gerümpel.

»Was will der bloß mit dem ganzen rostigen Kram?« murmelte Siebenpunkt.

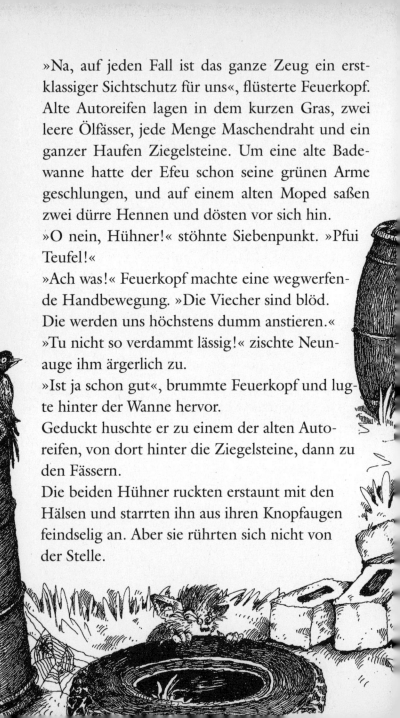

»Na, auf jeden Fall ist das ganze Zeug ein erstklassiger Sichtschutz für uns«, flüsterte Feuerkopf. Alte Autoreifen lagen in dem kurzen Gras, zwei leere Ölfässer, jede Menge Maschendraht und ein ganzer Haufen Ziegelsteine. Um eine alte Badewanne hatte der Efeu schon seine grünen Arme geschlungen, und auf einem alten Moped saßen zwei dürre Hennen und dösten vor sich hin.

»O nein, Hühner!« stöhnte Siebenpunkt. »Pfui Teufel!«

»Ach was!« Feuerkopf machte eine wegwerfende Handbewegung. »Die Viecher sind blöd. Die werden uns höchstens dumm anstieren.«

»Tu nicht so verdammt lässig!« zischte Neunauge ihm ärgerlich zu.

»Ist ja schon gut«, brummte Feuerkopf und lugte hinter der Wanne hervor.

Geduckt huschte er zu einem der alten Autoreifen, von dort hinter die Ziegelsteine, dann zu den Fässern.

Die beiden Hühner ruckten erstaunt mit den Hälsen und starrten ihn aus ihren Knopfaugen feindselig an. Aber sie rührten sich nicht von der Stelle.

Neben Feuerkopf kam Siebenpunkt keuchend an der Hüttenwand an. Unruhig schielte er zu den Hühnern hinüber. Die legten ihre Köpfe schräg, wobei ihnen die roten Kämme über die Augen schlackerten. Plötzlich erhob sich eines der beiden, plusterte sich und hüpfte dann auf seinen roten Beinen von dem Moped herunter auf den Boden. Anscheinend hatte es vor, sich die merkwürdigen Gestalten einmal aus der Nähe anzusehen. Ängstlich klammerte Siebenpunkt sich an Feuerkopfs Arm. »Das Untier kommt rüber!« stöhnte er. »Es wird uns die Augen aushacken! Wir müssen weg hier!« Jetzt stand auch Neunauge neben ihnen. Prüfend betasteten ihre Finger die rauhen Holzbretter der Hüttenwand. Die Henne kam mit langsamen, staksigen Schritten auf sie zu.

»Es wird ein Kinderspiel, an der Wand hochzuklettern«, zischte Neunauge. »Am besten sehen wir nach, ob das Fenster da oben offen ist.« Entschlossen begann sie, sich an der hochaufragenden Wand emporzukrallen. Feuerkopf folgte ihr flink wie ein Wiesel. Siebenpunkt aber stand wie erstarrt unten und starrte die Henne an. Sie war nur noch ein paar Koboldschritte von ihm entfernt.

»Siebenpunkt, komm endlich!« fauchte Feuerkopf von oben.

»Ich kann nicht!« hauchte der dicke Kobold.

Die Henne stand nun direkt vor ihm und beäugte ihn interessiert von allen Seiten. Schließlich schoß ihr Kopf nach vorn, und sie zupfte mit ihrem großen, roten Schnabel an Siebenpunkts Fell herum. Das half. Wie ein Kugelblitz jagte der dicke Kobold die Hüttenwand hinauf, überholte Feuerkopf und Neunauge und blieb schließlich atemlos unter dem kleinen Fenster hängen, das mitten in der Wand war. Schluchzend zog er sich am Fensterbrett hoch, hockte sich in eine Ecke und blieb dort zitternd sitzen.

»Siebenpunkt!« Neunauge hangelte sich zu dem schlotternden Kobold hinauf und legte ihm tröstend einen Arm um die bebenden Schultern.

»Siebenpunkt, beruhige dich. Es war doch nur eine Henne. Hühner sind nicht gefährlich. Höchstens für Regenwürmer.«

»Es wollte mich fressen!« Siebenpunkt preßte die pelzigen Hände auf sein rundes Gesicht.

»Blödsinn«, sagte Neunauge, »Hühner fressen keine Kobolde.«

»Hihi!« Feuerkopfs roter Schopf erschien über

65

dem Fensterbrett. Prustend ließ er sich neben Neunauge plumpsen und streckte der Henne die spitze Zunge heraus.

Verblüfft glotzte sie zu ihm hinauf. Dann begann sie, wie verrückt auf der Stelle herumzupicken, auf der eben noch Siebenpunkts pelzige Füße gestanden hatten.

»Weißt du was, Siebenpunkt?« Kichernd lehnte sich Feuerkopf an die Fensterscheibe. »Die hat dich für ein besonders saftiges Büschel Gras gehalten. Kein Wunder bei deinem struppigen Fell!«

Siebenpunkt nahm die Hände vom Gesicht und warf Feuerkopf einen wütenden Blick zu.

Neunauge richtete sich auf und blickte an der verdreckten Fensterscheibe hinauf. »Da oben ist eine Klappe offen!« stellte sie fest. »Wir klettern rauf, zwängen uns durch und versuchen dann, uns innen an der Gardine runterzuhangeln. Einverstanden?«

Feuerkopf und Siebenpunkt nickten.

Einer nach dem anderen begannen sie, am Fensterrahmen emporzuklettern. Es war so, wie Neunauge gesagt hatte. Die Fensterklappe stand auf Kippe, und der Spalt war breit genug für einen schmalen Koboldkörper. Innen hingen dicke, gestreifte Vorhänge an den Seiten. An denen kletterten sie hinunter und landeten mitten im Bett des Braunen. Sie versanken in einem riesigen, weißen Federbett.

»So stelle ich es mir auf den Wolken vor«, sagte Neunauge, als sie sich wieder hervorgekämpft hatte.

»Nur daß es da garantiert nicht so nach dem Braunen stinkt«, sagte Feuerkopf und schielte über den Rand des Riesenbettes.

»Hier scheint es nichts Interessantes zu geben.« Siebenpunkt sah sich unruhig in dem kleinen, dunklen Raum um. Seine Stimme war immer noch ein bißchen zittrig. »Wir müssen wohl durch die Tür da.«

»Stimmt!« Neunauge ließ sich vom Bettrand heruntergleiten und landete mit einem Plumps auf dem harten, dreckigen Holzboden der Hütte. Die beiden anderen taten es ihr nach. Vorsichtig und eng beieinander schlichen sie auf die halb geöffnete Tür zu.

»Aaaah!« Entsetzt machte Feuerkopf einen Satz zurück. In dem zweiten Zimmer lag ein riesiges, zerlumptes Bärenfell auf dem Boden. Der weit geöffnete Rachen mit den scharfen Eckzähnen wies genau in ihre Richtung. Die Glasaugen starrten sie bedrohlich an.

»Widerlich!« schimpfte Feuerkopf.

Neunauge und Siebenpunkt prusteten vor Lachen, und der dicke Kobold ging auf den großen Rachen zu und steckte seinen Kopf hinein. »Keine Sorge, Feuerkopf!« Er kicherte und zog seinen Kopf wieder heraus. »Der ist ganz zahm!« Wütend streckte Feuerkopf ihm die Zunge heraus.

»Das ist scheinbar die Haupthöhle des Braunen«, sagte Neunauge und sah sich um. »Wohnzimmer nennen die Menschen so was, glaube ich. Mir gefällt es nicht.« Ihr Blick wanderte zu der großen, schweren Haustür. »Und da geht's nach draußen.« Links von ihnen gab es noch eine dritte Tür. Neunauge ging zielstrebig darauf zu. »Ich glaube, das ist für uns die interessanteste Tür!«

Zu ihrem Glück war auch diese Tür offen, und die drei Kobolde sahen auf den ersten Blick, daß sie hier richtig waren.

Der Braune hatte seit einigen Jahren einen kleinen Kiosk in seiner Hütte, mit einem großen Fenster, das er im Sommer immer öffnete, um dort Getränke und Essen, Eis und Schokolade zu verkaufen. Die Kobolde hatten oft beobachtet, wie die Leute dort Schlange standen. Aber sie hatten nie begriffen, daß der Braune dort einen richtigen kleinen Laden hatte.

Alle Wände des Raumes waren zugestellt mit vollgestopften Regalen. An einer Seite standen nur Getränke – das war uninteressant für die drei. Aber an der längeren Rückwand türmten sich Keksschachteln und Süßigkeiten in solchen Mengen, daß sie davon hundert Winter hätten leben können. An der dritten Seite schließlich stapelten sich Knackwurstgläser, Sardinenbüchsen und Konservendosen aller Art – Proviant für noch mal hundert Winter.

9. Kapitel

in dem erst alles klappt und zum Schluß
doch noch einiges schiefgeht

Fassungslos standen die drei da und starrten mit offenem Mund und knurrendem Magen auf all diese Herrlichkeiten.

»Du meine Güte«, flüsterte Neunauge schließlich und setzte sich erst mal. »Was machen wir denn nun?«

»Ich weiß, was ich mache!« Feuerkopf lief zu dem großen Regal an der Rückwand, kletterte hinauf zum vierten Brett, zerrte dort eine große Tüte aus einem ganzen Stapel hervor und schubste sie mit ein paar kräftigen Fußtritten über den Rand des Brettes.

Die Tüte zischte herab und klatschte auf den Boden.

»Ich werde«, sagte Feuerkopf, während er mit einem Affenzahn wieder heruntergeklettert kam, »ich werde mir jetzt den Bauch mit Gummibärchen vollschlagen, bis ich platze!«

Siebenpunkt hatte die Tüte mit seinen kleinen,

spitzen Krallen bereits der Länge nach aufge-
schlitzt.

»Das ist doch wohl nicht euer Ernst!« schimpfte
Neunauge.

Feuerkopf und Siebenpunkt zerrten einen klebrigen Bär nach dem anderen aus der Tüte und
schlangen sie in sich hinein. »Doch!« schnaubte
Feuerkopf. »Der Braune kommt nie vor Mittag
zurück!«

»Und unser Proviant?« Wütend stemmte Neunauge die Fäuste in die Hüften. »Wir wissen ja
noch nicht mal, wie wir hier was rauskriegen!«

»Wir schlagen ein Fenster ein«, sagte Feuerkopf
und biß einem roten Bären den Kopf ab.

»Ach«, Neunauge schnaubte vor Wut, »damit der
Braune Verdacht schöpft und wir womöglich nie
wieder hier reinkommen!«

Feuerkopf hörte auf zu kauen und sah nachdenklich vor sich hin. »Stimmt«, brummte er, »das
wäre nicht gut. Wer weiß, wieviel wir heute weg-
schaffen können.« Er ließ den abgebissenen Gummibären, den er gerade in den Krallen hatte, fallen
und sah sich um.

»He, Siebenpunkt«, sagte er, »hör auf zu essen
und denk nach.«

Siebenpunkt stopfte den Rest eines grünen Bären in sich hinein und sah dann hilflos von Neunauge zu Feuerkopf. »Ich weiß nicht«, sagte er mit ratloser Stimme, »mir fällt einfach nichts Vernünftiges ein, wenn soviel Essen um mich rum ist!«

Neunauge warf ihm einen strengen Blick zu. »Das wichtigste ist, daß wir nur Sachen mitnehmen, von denen wir auch wirklich satt werden und die nicht so schwer zu schleppen sind. Also Kekse und Schokolade, Nüsse, Rosinen, Fischkonserven, Trockenfrüchte, wenn welche da sind, und Knäckebrot vielleicht noch. Von Konservendosen hab' ich erst mal die Nase voll. Wir packen soviel wir können in die Plastiktragetaschen, die da vorm Fenster liegen, schleifen sie rüber zum Bett und dann...«, sie runzelte die Stirn, »dann weiß ich nicht weiter.«

»Aber ich!« Feuerkopf grinste. »Ihr öffnet einen der Fensterflügel mit dem Hebel, der an dem Ding dran ist. Das müßte zu schaffen sein. Dann schmeißt ihr die Plastiktüten aus dem Fenster, und ich warte unten und schleppe sie zum Waldrand. Dafür aber«, er zwinkerte den beiden andern zu, »dafür werde ich noch mal kurz verschwinden!«

»Wie meinst du das denn?« Neunauge sah ihn mißtrauisch an.

»Ich meine, daß ihr die Tüten packt und das Fenster öffnet und daß ich mich währenddessen um den Transport kümmre.«

»Was soll das – verdammt noch mal – heißen?« fauchte Neunauge ärgerlich.

Aber Feuerkopf war schon durch die Tür, hüpfte über das Bärenfell und verschwand im Schlafzimmer des Braunen.

Siebenpunkt und Neunauge rannten ihm nach. Aber sie sahen nur noch, wie er zwischen dem Schrott hinter der Hütte davonhuschte.

»Der Kerl macht mich noch wahnsinnig!« knurrte Neunauge.

Siebenpunkt starrte entsetzt durch das Fenster nach draußen.

»Setz dich aufs Bett«, sagte Neunauge zu ihm und kletterte den Fensterrahmen hinauf und dann eine Fenstersprosse entlang zu dem Hebel, von dem Feuerkopf geredet hatte. »Ich werde jetzt mal versuchen, das Ding hier aufzubekommen!«

Atemlos beobachtete Siebenpunkt, wie Neunauge in luftiger Höhe an dem großen Hebel herumdrückte und zerrte. Schließlich bewegte er sich ein Stück. Aber mit dem Fenster tat sich trotzdem nichts. Neunauge drückte und zog, bis sie vor Anstrengung keuchte. Nichts. Schließlich stemmte sie ein Bein gegen den anderen Fensterflügel. Mit lautem Quietschen schwang das Fenster auf und zischte haarscharf über Siebenpunkts wolligen Schädel hinweg. Neunauge flog im hohen Bogen durch die Luft und landete mit einem dumpfen Plumps auf dem Federbett.

Als sie wieder auftauchte, strahlte Siebenpunkt sie bewundernd an. »Du hast es geschafft!« sagte er. Über ihren Köpfen stand der eine Flügel des kleinen Fensters weit offen. Neunauge kletterte noch einmal aufs Fensterbrett und warf einen besorgten Blick hinaus. Von Feuerkopf war nichts zu sehen.

»Na, dann nicht!« murmelte sie und sprang wieder in die weichen Federn. »Komm, Siebenpunkt! Wir packen ein paar Tüten.«

Als die beiden die erste vollgepackte Tüte aufs Fensterbrett zerrten, wartete Feuerkopf schon unten. Neben ihm stand ein großer, knallgrüner Plastiklastwagen mit einer großen Ladekippe und einer Kordel zum Ziehen vorn am Führerhäuschen.

»Na, was sagt ihr nun?« Feuerkopf strahlte. Er platzte fast vor Stolz.

»Wo hast du denn das Ding her?« zischte Neunauge herunter.

»Es gehört dem Kind aus dem zweiten Wohnwagen«, antwortete Feuerkopf, »aber es spielt nie damit. Es wird ihn nicht vermissen.«

»Hoffen wir's!«

»Schmeißt die Tüte runter.«

Die vollgestopfte Tragetasche sauste herunter und landete genau in dem Spielzeuglaster.

»Volltreffer!« Feuerkopf kicherte und packte die Kordel. »Beeilt euch mit der nächsten Ladung. Ich bin gleich zurück.«

Das bunte Auto holperte hinter ihm her und verschwand schließlich mit Feuerkopf hinter der großen Wanne.

»Wo sind die Hühner?« fragte Siebenpunkt beunruhigt.

»Die sind weg«, stellte Neunauge fest. »Komm, wir holen die nächste!«

Bei jeder Tüte, die sie vom Fensterbrett in Feuerkopfs Laster schmissen, warf Neunauge einen unruhigen Blick zum Himmel. Aber die Sonne hatte ihren Mittagsplatz noch lange nicht erreicht.

»Wieviel haben wir jetzt?« fragte Neunauge hinunter.

»Sechs!« rief Feuerkopf.

»Das reicht doch erst mal, oder?«

»Wieso?« Erstaunt sah Feuerkopf zu ihr herauf.

»Es ist doch noch lange nicht Mittag.«

»Trotzdem, ich habe ein ungutes Gefühl. Ich finde, wir packen noch eine Tüte voll und machen dann, daß wir wegkommen.«

Feuerkopf zuckte die Achseln. »Wie du meinst. Ich finde es blödsinnig. Aber macht, was ihr wollt.«

»Was meinst du, Siebenpunkt?«

Der dicke Kobold zuckte nervös mit den Ohren. »Eine Tüte noch, und dann nichts wie weg.«

»Okay!« Ein letztes Mal hüpften sie aufs Bett, hinab auf den Boden, flitzten durch den Raum mit dem Bärenfell, in den Vorratsraum und hinauf auf die Regale. Von dort schmissen sie ein paar

Kekspakete, etliche Tafeln Schokolade und eine Packung Erdnüsse runter und begannen in Windeseile, alles in eine Tüte zu stopfen.

Als sie das Motorengeräusch von draußen hörten, erstarrten sie zu Eis. Siebenpunkt begann vor Entsetzen zu wimmern und kauerte sich auf den Boden. Schwere Schritte näherten sich dem Haus.

»Schnell!« Neunauge zerrte den jammernden Siebenpunkt auf die Füße. »Renn!«

Sie flitzten aus dem Vorratsraum, am Bärenfell vorbei und auf die Schlafzimmertür zu. Sie hörten, wie sich ein Schlüssel im Schloß drehte und wie Feuerkopf von draußen nach ihnen pfiff. Als sie gerade durch die offene Tür schossen, rutschte Siebenpunkt aus und fiel hin. Er stieß einen spitzen Schrei aus. »Mein Bein, mein Bein!« stöhnte er. Neunauge warf einen verzweifelten Blick hinauf zum offenen Fenster. Feuerkopfs entsetztes Gesicht erschien darin. »Macht schnell!« hörten sie ihn keuchen. Hinter ihnen öffnete sich mit einem lauten Knarren die schwere Haustür.

In höchster Verzweiflung packte Neunauge den jammernden Siebenpunkt unter den Armen und schleifte ihn zu einem kleinen Schrank, der hinter der Schlafzimmertür stand. Er hatte so kurze

Beine, daß sie und Siebenpunkt flach darunter liegen konnten. Der Hund würde nicht mal die
Nase darunterzwängen können. Neunauge winkte
dem entsetzten Feuerkopf noch einmal zu, schob
den dicken Kobold vor sich her und kroch dann
selbst auf dem Bauch in die schützende Dunkelheit.

Kaum waren ihre Füße verschwunden, da stürzte
auch schon der Hund des Braunen ins Zimmer
und begann wie wild auf dem Boden herumzuschnuppern.

Feuerkopf warf einen verzweifelten Blick auf das
riesige Tier. Dann kroch er mit zitternden Beinen
wieder an der Hüttenwand hinunter und rannte,
so schnell er nur konnte, zum Waldrand zurück.

Hinter ihm steckte Brutus seinen schwarzen Kopf
aus dem Fenster und bellte ihm wütend nach.

10. Kapitel

an dessen Anfang sich zwei
unserer Koboldfreunde
in einer verzweifelten Lage befinden

Das heisere Bellen des Hundes dröhnte in Neunauges Ohren. Dann hörte sie einen Plumps und das Tapsen von Pfoten, die immer näher kamen. Siebenpunkt war ganz dicht an die Wand gerutscht und drückte sich dort an die Fußleiste. Mit angstgeweiteten Augen starrte er auf die große Pfote, die immer wieder versuchte, sich unter den Schrank zu zwängen. Immer wieder scharrte der Hund. Aber seine groben Krallen reichten nicht bis an die kleinen Kobolde heran, die sich zitternd aneinanderpreßten und kaum zu atmen wagten.

»Brutus, komm da weg!« befahl der Braune. »Wir haben andere Sorgen als die verdammten Mäuse.« Seine schweren Stiefel standen nun direkt vor dem Schrank. »Ich wüßte zu gern, wer hier drin war«, hörten sie ihn schimpfen. Fluchend schloß er das Fenster und stampfte aus dem Zimmer. Der Hund

79

preßte ein letztes Mal seine feuchte Nase unter
den Schrank, dann folgte er seinem Herrn.

Ein paar angstvolle Atemzüge später hatte der
Braune scheinbar die halbgepackte Tüte in seinem
Vorratsraum entdeckt. »Verdammte Schweinerei!«
Neunauge und Siebenpunkt zuckten zusammen.
Siebenpunkt jammerte wieder leise vor sich hin,
und Neunauge preßte ihm schnell eine Hand auf
den Mund.

»Hast du eine Ahnung, wer das war?« fragte jemand. Neunauge hielt den Atem an. Das war

nicht die Stimme des Braunen. Da war noch jemand! Auch das noch!

»Nein, keine Ahnung«, hörte sie den Braunen sagen. »In dieser gottverlassenen Gegend ist doch sonst niemand. Wahrscheinlich war es irgendein Rumtreiber, der sich für den Winter eindecken wollte. Irgendein Landstreicher oder so was.«

»Was machst du jetzt?« fragte die andere Stimme.

»Was soll ich schon machen?« Der Braune fluchte ausgiebig. »Du nimmst den Kram ja sowieso gleich mit. Bin froh, wenn er weg ist.«

Neunauge spitzte die Ohren. Was sagte er da?

»Na ja, es ist ja wohl klar, daß du jetzt weniger Geld dafür kriegst.«

»Was soll das heißen?«

»Es ist schließlich reichlich was geklaut worden.«

»Okay, okay«, murrte der Braune. »Das auch noch! Ganz schön knickerig von dir.«

»Geschäft ist Geschäft«, sagte der andere und lachte. »Sollen wir's gleich in meinen Wagen bringen?«

»Ist wohl das beste.«

Jemand öffnete die Haustür, und dann hörten Neunauge und Siebenpunkt eine Zeitlang nichts als Schritte, die sich entfernten und wiederkamen

– immer wieder und wieder. Das Getrampel war so laut, daß Neunauge es wagte, ihre Hand von Siebenpunkts Mund zu nehmen und ihm etwas ins Ohr zu flüstern.

»Siebenpunkt, du hast den Braunen beobachtet. Wann geht er noch mal für länger aus dem Haus?« Siebenpunkt schluchzte und versuchte nachzudenken. Das war nicht leicht. Sein Kopf fühlte sich ganz vernebelt an vor Angst.

»Siebenpunkt, wann?« Neunauge rüttelte ihn. »Denk nach! Schnell! Solange sie noch so herumtrampeln.«

»Er…«, Siebenpunkt holte tief Luft, »er geht immer nachts noch mal eine Runde. Du weißt doch. Um die Wohnwagen zu überprüfen.«

Neunauge nickte. »Das macht er heute sicher sehr gründlich«, flüsterte sie, »wo er doch denkt, es treibt sich ein Dieb hier rum!«

»Aber wir kommen nicht raus!« stöhnte Siebenpunkt verzweifelt. »Er hat doch das Fenster zugemacht!«

»Wir müssen es einschlagen«, sagte Neunauge leise und versuchte, die Angst in ihrer Stimme zu verbergen.

»Einschlagen?« Siebenpunkt richtete sich entsetzt auf und knallte mit dem Kopf unter den Schrank.

»Paß auf, du Idiot!« zischte Neunauge. »Ja, einschlagen! Du hast ganz richtig gehört. Und dann rausspringen.«

»Aber...«, Siebenpunkts Fell sträubte sich in alle Richtungen, »aber das ist Glas!«

»Na, sicher ist das Glas. Meinst du, ich würde es einschlagen wollen, wenn's Stein wäre?«

Siebenpunkt sah sie an, als hätte sie den Verstand verloren. »Es wird uns das Fell zerschneiden! Und wir werden uns den Hals brechen...«

»Und außerdem kann uns der Hund erwischen, und dann ist sowieso alles vorbei. Ich weiß, ich weiß.« Neunauge lauschte einen Moment, aber die Füße trampelten immer noch hin und her. »Siebenpunkt, es ist unsere einzige Chance! Oder hoffst du, er läßt die Hüttentür hinter sich auf, wenn er rausgeht?«

Siebenpunkt schüttelte den Kopf. »Nein«, flüsterte er heiser, »er macht sie fast immer hinter sich zu.«

»Na, siehst du«, sagte Neunauge, »es ist unsere einzige Chance!«

»Aber mein Bein...«

»Entweder wir schaffen es bis zum Fenster, oder wir werden hier unterm Schrank verschimmeln.«

»Und Feuerkopf? Vielleicht…«

»Feuerkopf kann uns hierbei überhaupt nicht helfen. Die Tür ist zu schwer für ihn. Und das Fenster kann er von außen auch nicht öffnen. Also?«

Verzweifelt starrte Siebenpunkt zum Schrankboden hinauf, der nur ein kleines Stückchen über seiner Nase schwebte. »Also gut«, flüsterte er schließlich, »also gut, verdammt noch mal.«

»Sehr gut«, Neunauge seufzte erleichtert, »dann können wir jetzt nur noch warten.«

Die nächsten Stunden gehörten zu den schrecklichsten ihres langen Koboldlebens. Sie konnten nur daliegen und darauf warten, daß es endlich dunkel wurde. Die Zeit verging langsam. Sie hörten, wie der andere Mann sich vom Braunen verabschiedete. Dann zog ihnen irgendwann der Geruch von gebratenem Speck in die Nase, und sie hörten, wie der Braune und sein Hund ihr Essen um die Wette wegschmatzten.

Es war schon eine endlos lange Zeit verstrichen, als endlich kein Tageslicht mehr unter den Schrank drang. Aber der Braune lief noch immer unruhig in dem anderen Zimmer umher. Sein

Hund kam immer wieder in den dunklen Raum getappt und schnüffelte und kratzte an dem Schrank herum. Den beiden Kobolden in ihrem Versteck blieb jedesmal fast das Herz stehen. Dann endlich hörten sie Wasser plätschern, die nackten Füße des Braunen tappten vorbei, und das große Bett quietschte, als er sich hineinlegte. Brutus legte sich brummend davor und schmatzte geräuschvoll vor sich hin. Schließlich erfüllte nur noch das Schnarchen des Braunen und das Ticken seines Weckers den dunklen Raum.

Wenn sie doch wenigstens hätten miteinander reden können! Aber sie mußten still daliegen, Minute um Minute, Stunde um Stunde. Nicht einmal einschlafen durften sie, um ja nicht die paar Minuten zu verpassen, in denen der Braune das Haus verließ.

Sie schliefen trotzdem ein.

Das gräßliche Scheppern der Weckerklingel weckte sie genauso unsanft wie den Braunen. Erschrocken fuhren sie hoch und stießen sich ganz fürchterlich die Köpfe – was sie schlagartig daran erinnerte, wo sie waren.

Sie hörten den Braunen fluchen und in seine Stiefel steigen und hörten ihn und den Hund zur

Haustür gehen. Lautlos schoben sie sich bis an die vorderen Schrankbeine heran und lauschten.

Der Braune schloß die Tür auf. Im selben Augenblick, als er sie hinter sich wieder zuschlug, schossen Siebenpunkt und Neunauge unter dem Schrank hervor, rannten auf das Bett zu und zogen sich daran empor. Siebenpunkts Bein tat höllisch weh, aber er biß die Zähne zusammen und kämpfte sich durch das weiche Federbett zur Wand. Sie hangelten sich am Fensterbrett hoch, und dann standen sie vor der Scheibe.

»Wie willst du sie kaputtkriegen?« flüsterte Siebenpunkt atemlos.

»Wir stoßen den Blumentopf dagegen. Los!«

Gemeinsam packten sie den schweren Blumentopf, der auf dem Fensterbrett stand, und stießen seine harte Kante so fest sie konnten gegen das Glas. Klirrend zersprang es. Neunauge trat mit dem Fuß gegen ein paar hochragende Splitter, kletterte durch das klaffende Loch und sprang, ohne zu zögern, in die Tiefe. Siebenpunkt hörte hastige Schritte näherkommen. Das ließ ihn die Angst vor dem Glas und der Tiefe vergessen. Er biß die Zähne zusammen, zwängte sich durch das scharfkantige Loch, schloß die Augen und sprang.

Unsanft prallte er auf dem Boden auf – zwischen froststarren Grashalmen und harten Steinen. Jemand zerrte ihn am Arm in die Höhe. »Komm, Siebenpunkt!« zischte Neunauge ihm ins Ohr. »Komm, wir schaffen es!«

Benommen taumelte er hinter ihr her. Der Waldrand schien unendlich weit entfernt. Hundegebell erfüllte die nächtliche Stille, und die wütende Stimme des Braunen schrie einen Fluch nach dem anderen in die Nacht.

Ein Schatten glitt auf sie zu und packte Siebenpunkt am Arm. »Komm, ich helf' dir.«

»Feuerkopf!« hauchte Siebenpunkt erleichtert.

»Na, klar«, sagte Feuerkopf leise, »wer sonst?«

Nur noch ein paar Schritte, und die drei hatten die schützenden Bäume erreicht. Siebenpunkt wollte sich gleich irgendwo unters Farnkraut legen und schlafen. Aber Neunauge und Feuerkopf schleppten ihn weiter durch den nächtlichen Wald, bis sie seinen Bau erreicht hatten. Sie taumelten durch den engen Eingang und ließen sich erschöpft auf die weichen Blätter sinken.

»Mann, bin ich froh, daß ihr wieder da seid!« Feuerkopf setzte sich wieder auf und strahlte die beiden an. »Ihr schlaft jetzt erst mal, und ich gehe nachsehen, ob der Braune sich schon wieder aufs Ohr gelegt hat. Wenn ja, dann hol' ich schon mal die Beute.«

Neunauge rappelte sich hoch und sah ihn besorgt an. »Wo ist sie?«

»In einem hohlen Baum am Waldrand. Gut versteckt. Ich wollte die Hütte des Braunen nicht aus den Augen lassen, solange ihr noch drin wart. Deshalb hab' ich den Kram noch nicht weggebracht.«

»Ich helfe dir.«

»Blödsinn. Du schläfst.« Feuerkopf stand auf und zwinkerte ihr zu. »Ich habe ja meinen Laster.«

Und schon war er wieder verschwunden. Neunauge wollte ihm erst nachlaufen. Aber dann sank sie doch zurück auf die weichen Blätter, neben den selig schnarchenden Siebenpunkt und schlief auf der Stelle ein.

11. Kapitel

in dem alles
zunächst mal ein gutes,
sattes Ende findet

Als Neunauge wach wurde, brummte ihr der Schädel. Vorsichtig betastete sie ihren Kopf. Mitten zwischen den Ohren wölbte sich unter dem glatten Fell eine beachtliche Beule – ein schmerzhaftes Andenken an den Schrank des Braunen. Neunauge seufzte, setzte sich auf und sah sich um. Siebenpunkt schnarchte immer noch da, wo sie ihn hingelegt hatten. Und Feuerkopf hatte anscheinend die ganze Nacht gearbeitet. Um sie herum türmten sich Keksschachteln, Schokoladentafeln und alles, was sie sonst noch beim Braunen erbeutet hatten.

Neunauge zwängte sich zwischen all den Köstlichkeiten hindurch und kroch nach draußen. Unter einem Haufen Blätter gut verborgen, stand der Spielzeuglaster zwischen den Zweigen des toten Baumes. Und zwei schwarze Füße baumelten direkt vor ihrer Nase.

»Na, ausgeschlafen?« Feuerkopf saß auf einem
dicken Ast über ihr und grinste herunter.
Neunauge kletterte zu ihm hinauf und setzte
sich neben ihn.
Das Wetter war wie gestern – ein sonniger,
klarer Wintertag.
»Sicher. Wir haben die ganze Nacht
gearbeitet, mein Auto und ich.«
Neunauge grinste. »Was meinst
du?« Fragend sah sie den rothaa-
rigen Kobold an. »Kommen wir
damit durch den Winter?«

»Normalerweise schon«, sagte Feuerkopf und kratzte sich hinter den langen Ohren. »Aber der Winter ist tückisch. Man weiß nie genau, wie lang und kalt er wird. Wahrscheinlich wäre es nicht schlecht, wenn wir uns irgendwann noch mal eine Ladung holen.«

Neunauge schüttelte den Kopf. »Daraus wird nichts!« sagte sie. »Der Braune hat gestern alles verkauft.«

»Was?«

»Er hat seine ganzen Vorräte an jemanden verkauft. Der hat alles gleich mitgenommen. Siebenpunkt und ich haben gehört, wie sie Stück für Stück zu seinem Auto geschleppt haben.«

»O nein!« Ärgerlich schlug Feuerkopf mit der Faust gegen den Ast, auf dem sie saßen. »So ein Mist!«

»Ich glaube, ich bin ganz froh darüber«, sagte Neunauge. »Ich weiß nicht, ob ich noch mal die Nerven hätte, da reinzugehen. So müssen wir eben mit dem auskommen, was wir haben.«

»Das Fell wird uns wieder schön um die Knochen schlottern im Frühling«, seufzte Feuerkopf.

»Ja. Vor allem Siebenpunkt wird sehr zu leiden haben.« Neunauge grinste. »Er hat sich übrigens das Bein verletzt. Vielleicht kannst du es dir nachher mal ansehen. Du hast doch ein bißchen Ahnung von so was.«

»Mach' ich.« Feuerkopf nickte. »Und dann werden wir unsere Beute mit einem fetten Frühstück feiern!«

Als die beiden in die Höhle gekrochen kamen, wischte Siebenpunkt sich gerade den Schlaf aus den Augen. Müde lächelte er sie an.

»Guten Morgen, du Held«, sagte Feuerkopf. »Was macht dein Bein? Soll ich es mir vor oder nach dem Frühstück ansehen?«

Siebenpunkt betastete vorsichtig sein linkes Bein. Als er sein Fußgelenk berührte, zuckte er zusammen. Es war dick geschwollen und tat ziemlich weh. »Ich glaube, ich hab' mir das Fußgelenk verknackst«, sagte er. »Aber…«, er leckte sich mit seiner kleinen, spitzen Zunge über die haarigen Lippen, »bis nach dem Frühstück halte ich es locker aus!«

Es wurde ein wunderbares Frühstück. Es gab drei Sorten Kekse und für jeden ein Stück Schokolade. Dann umwickelte Feuerkopf Siebenpunkts geschwollenen Knöchel mit festen Stoffstreifen, die er extra aus seinem Bau herbeiholte. Und danach verteilten sie ihre nächtliche Beute auf drei große Haufen und rechneten aus, wieviel sie für jeden Tag hatten, wenn der Winter nicht länger als sonst dauern würde. Erleichtert stellten sie fest, daß die Sorge um den Winterproviant ein Ende hatte. Es würde kein sehr fetter Winter werden, aber sie mußten bestimmt nicht verhungern.

»Ich habe eine Idee!« sagte Neunauge. »Wie wär's, wenn wir den Winter zusammen hier in Siebenpunkts Bau verbringen? Wir könnten uns nachts gegen die Kälte zusammenkuscheln. Wir brauchen den Proviant nicht extra auf unsere Höhlen zu verteilen. Und die langen Winterabende sind bestimmt viel lustiger, wenn nicht jeder von uns allein in seinem Bau hockt. Was meinst du dazu, Siebenpunkt?«

Siebenpunkt strahlte übers ganze Gesicht. »Oh, das würde ich wunderbar finden!« sagte er entzückt. »Hier ist sowieso viel zuviel Platz für einen. Und ich langweile mich immer fürchterlich so allein – vor allem, wenn es dunkel wird.«

»Na, gut! Die Sache ist schon beschlossen!« sagte Feuerkopf. »Dann hole ich gleich morgen meinen Krempel her und verstopfe meinen Bau bis zum Frühling.«

»Und ich werde mir noch meine Schlafsocke holen«, sagte Neunauge.

So schliefen auch in der nächsten Nacht drei Kobolde in Siebenpunkts Höhle, und in der übernächsten und überübernächsten auch. Draußen wurde es kälter und kälter, aber in der alten Kaninchenhöhle unter den Zweigen des umgestürzten Baumes war es warm und gemütlich. Und ihre drei Bewohner hatten nichts zu tun als zu essen, zu schlafen, sich zu kratzen, zu kichern, Geschichten zu erzählen und sich im übrigen auf einen Winter einzurichten, der nicht schlimmer sein würde als all die anderen vor ihm – vielleicht sogar ein bißchen netter.

Zweiter Teil

1. Kapitel

in dem der Winter endgültig kommt und
mit ihm ein überraschender Gast

Als Feuerkopf eines Morgens seine
schwarze Nase aus Siebenpunkts
Bau steckte, wehten ihm dicke, weiche Schneeflocken entgegen. Die Welt war über Nacht weiß
geworden. Selbst die winzigsten Zweige sahen aus
wie in glitzernde, eisige Watte gepackt. Die gelben
Wintergräser beugten sich unter ihrer weißen Last
tief zur Erde, und die kahle, abgestorbene Baumkrone erhob sich über seinem Kopf wie ein Eis-
palast in den grauen Himmel.

»Es hat geschneit!« rief Feuerkopf hinunter in die
Höhle und hüpfte mit seinen schwarzen Füßen
wie ein Verrückter in dem weichen, kalten Schnee
herum. Die weiße Schicht war noch nicht sehr
dick. Nur seine Füße verschwanden darin. Aber
man konnte fast sehen, wie sie höher wurde, so
dick waren die Flocken, die vom schneeschweren
Himmel fielen.

»Hurraaaaah!« schrie Feuerkopf und ließ sich der

Länge nach hineinfallen. Er sprang wieder auf, rüttelte an den Stengeln der abgestorbenen Farne und ließ sich von dem herabrieselnden Schnee in einen weißen Kobold verzaubern.

»Brrr, Schnee!« Siebenpunkt sah mißmutig aus seinem Höhlenloch zum grauen Himmel empor. »Und da oben ist noch jede Menge von dem scheußlichen Zeug und wartet nur drauf runterzufallen. Pfui Teufel!«

»Ich liiiieeebe Schnee!« rief Feuerkopf und tollte zwischen den verschneiten Gräsern umher. »Er ist kalt und feucht, aber ich liebe ihn!«

»Geschmackssache«, brummte Siebenpunkt, »ich lege mich lieber wieder in die Blätter. Und ich komme nicht eher wieder raus, bis er geschmolzen ist.« Und dann war sein dicker Kopf verschwunden.

Dafür tauchte der von Neunauge auf. »Schnee!« Sie strahlte übers ganze Gesicht. Genüßlich schnupperte sie die frische, feuchte Winterluft. Dann nahm sie eine Handvoll Schnee und leckte verzückt daran. »Hmmm!« sagte sie, kroch ganz aus dem Bau und tappte andächtig da herum, wo Feuerkopf die weiße Decke noch nicht zertrampelt hatte.

Der schwarze Kobold war inzwischen ziemlich außer Atem von seiner Herumtollerei und lehnte sich prustend an einen Baum. »Weißt du was?« sagte er. »Ich hätte Lust, mal bei meinem alten Bau vorbeizuschauen. Vielleicht ist der Bach ja schon zugefroren, und wir können darauf herumschlindern. Wie wär's?«

»Meinst du nicht, es ist zu gefährlich?« fragte Neunauge. »Du weißt schon – wegen der Füchse und so. Man wird verdammt leicht gesehen, wenn alles so weiß ist.«

»Ach was!« Feuerkopf winkte lässig ab. »Die Füchse lauern jetzt bei den Hühnerställen – wenn's überhaupt noch welche gibt. Ich habe seit Urzeiten keinen mehr gesehen. Könnte sein, daß ein paar Spaziergänger sich auf den Wegen rumtreiben, aber die hört und sieht man schließlich rechtzeitig – bei dem Lärm, den die meistens machen. Na, was ist? Kommst du?«

»Okay!« Neunauge nickte. »Ich sage nur noch schnell Siebenpunkt Bescheid.« Sie lief zum Bau zurück. »He, Siebenpunkt!« rief sie. »Wir machen einen kleinen Ausflug zu Feuerkopfs Höhle. Willst du mit?«

Als Antwort drang ein schläfriges Grunzen aus

der Höhle herauf. »Geht ruhig alleine. Ich bleibe hier.«

»In Ordnung. Bis nachher!«

»Ich habe noch nie so einen verschlafenen, verfressenen Kobold gesehen!« Feuerkopf lachte.

Neunauge kicherte. »Ich auch nicht!«

»Warte«, sagte Feuerkopf, »ich hole nur noch meinen Laster, dann kann es losgehen.« Er flitzte zu der Stelle, wo er seinen Schatz versteckt hatte, und zerrte ihn unter Schnee, Blättern und Zweigen hervor. »So«, er grinste, »jetzt aber.«

Sie stapften los. Feuerkopfs Bau war ein gutes Stück von Siebenpunkts Wohnung entfernt. Aber die Welt sah an diesem Morgen so verzaubert aus, daß sie ihre kalten Füße und müden Beine gar nicht spürten.

»Eigentlich sieht es ja in jedem Winter gleich aus«, sagte Neunauge und staunte die verschneiten Baumkronen an, »aber ich finde es immer wieder wunderschön.«

»Geht mir genauso«, sagte Feuerkopf. »Das einzige Problem ist, daß man immer nach oben zu den verschneiten Zweigen starrt und dabei ständig über die eigenen Füße stolpert.«

»Stimmt«, sagte Neunauge und kicherte. »Und

wenn der Schnee irgendwann ganz hoch liegt, muß man höllisch aufpassen, daß man nicht völlig versinkt.«

»Ich binde mir dagegen immer Baumrinde unter die Füße«, sagte Feuerkopf, »das habe ich den Menschen abgeguckt.«

»Gute Idee. Guck mal, da vorne ist schon die Brücke!«

»Siehst du jemanden den Weg entlangkommen?« Neunauge spähte angestrengt nach links und nach rechts. Dann schüttelte sie den Kopf. »Nichts.«

Sie huschten auf die verschneite Brücke und lugten zum Bach hinunter. Die Ränder waren vereist, aber in der Mitte schoß immer noch Wasser zwischen den Steinen hindurch das Bachbett hinunter. »Schade!« sagte Feuerkopf. »Komm, wir klettern zu meiner Höhle hinunter.«

Es hatte inzwischen aufgehört zu schneien. Der Wald war reglos und totenstill. Nur das Plätschern des kleinen Baches war zu hören.

»Wir sehen aus wie Schneehasen«, sagte Neunauge, als sie unter der Brücke angekommen waren und sie sich den Schnee aus dem braunen Fell klopfte.

Feuerkopf schüttelt sich einfach ein paarmal kräftig. Dann begann er, das Stroh herauszuzerren, mit dem er den Eingang seines Baus verstopft hatte. »Merkwürdig«, murmelte er, »ich dachte, ich hätte viel mehr hineingestopft. Na ja.« Er steckte den Kopf in das dunkle Loch – und fuhr zurück, als wäre ihm eine Giftschlange entgegengeschossen.

»Was ist los?« fragte Neunauge besorgt.

»Da ist jemand drin.«

»Eine Ratte?«

Feuerkopf schüttelte den Kopf. »Nein. Ich glaube, es ist ein Kobold!« Vorsichtig schob er den Kopf erneut durch das Loch.

Ungeduldig versuchte Neunauge, auch einen Blick auf den unbekannten Besucher zu erhaschen, aber sie konnte in der dunklen Höhle nichts erkennen.

»Er schläft«, flüsterte Feuerkopf ihr schließlich zu.

»Was willst du jetzt tun?« fragte Neunauge und blickte beunruhigt auf den Höhleneingang.

Feuerkopf zuckte die Schultern. »Ich werde ihn wecken. Was sonst? Und fragen, was er in meiner Höhle sucht. Oder sie – vielleicht ist es ja auch eine Sie. Du wartest hier.« Er verschwand in seinem Bau.

Neunauge beugte sich vor und lugte hinter ihm her. Aber viel erkennen konnte sie immer noch nicht. Feuerkopf beugte sich offenbar über eine leblos daliegende Gestalt. Neunauge sah undeutlich spitze Ohren, struppiges Fell, haarige Arme und Beine – ja, es war zweifellos ein Kobold.

Feuerkopf rüttelte seinen ungebetenen Gast sanft an der Schulter. »He, wach auf!« hörte Neunauge ihn sagen. »Aufwachen! Was machst du hier?«

Schlaftrunken richtete die Gestalt sich auf und starrte Feuerkopf überrascht an. Dann murmelte sie irgend etwas Unverständliches und kam taumelnd auf die Füße. Feuerkopf stützte sie und half ihr aus der engen Höhle heraus. Als das helle Tageslicht die beiden traf, hielt sich Feuerkopfs Begleiter schützend die Hände vors Gesicht und ließ sich auf einen der Steine fallen, die das Bachufer säumten. Erst nach einer ganzen Weile ließ er die Hände wieder sinken, und Neunauge und Feuerkopf sahen ihn sprachlos an.

»Blaupfeil!« stammelte Neunauge schließlich. »Was... was machst du denn in Feuerkopfs Höhle?« Erschrocken ließ sie ihren Blick über das stumpfe, verfilzte Fell des anderen gleiten. »Du siehst ja schrecklich aus«, sagte sie und strich ihm besorgt über den sandfarbenen Kopf. Zu ihrem Schreck merkte sie, daß Blaupfeil zitterte.

»Um Himmels willen«, sagte Feuerkopf und blickte beunruhigt in Blaupfeils gerötete Augen, »was ist denn mit dir passiert?«

»Ich bin auf Wanderschaft gewesen«, sagte Blaupfeil mit matter Stimme. »Vor einer Woche bin ich aufgebrochen, weil ich einfach nicht mehr weiter wußte. Ich konnte keinen Wintervorrat zusammenbekommen. Aber«, er grinste schwach, »das Problem kennt ihr sicherlich auch in diesem Winter.«

»Allerdings!« knurrte Feuerkopf. »Warst du mit Schwalbenschwanz zusammen?«

Blaupfeil nickte und lehnte sich erschöpft gegen die verschneite Böschung. »Aber wir haben uns schon bald getrennt. Wir konnten uns nicht darauf einigen, was der richtige Weg war.«

»Nimm es mir nicht übel«, sagte Feuerkopf, »aber du siehst nicht gerade so aus, als hättest du den richtigen Weg gefunden.«

»Hab' ich auch nicht«, seufzte Blaupfeil. »Ich bin nur herumgeirrt, habe mich mit ein paar Krähen und einem wildernden Hund rumgeschlagen und mir schließlich gesagt: Blaupfeil, wenn du schon verhungern mußt, dann wenigstens zu Hause. Also habe ich kehrtgemacht und bin in die Richtung marschiert, von der ich dachte, daß sie zu meiner Höhle führt.«

»Und dann?« fragte Neunauge gespannt.

»Dann hatte ich erst mal Glück«, Blaupfeil seufzte, »ich schaffte es, ein paar Waldarbeitern eines ihrer Frühstückspakete zu klauen. Mann, war ich glücklich! Nur leider ist all das schöne Essen nie in meinem Bauch gelandet.«

»Wieso? Was ist passiert?«

Blaupfeil schloß für einen Moment die Augen. »Ich wollte mich gerade mit meiner Beute in die Büsche schlagen«, erzählte er mit leiser Stimme, »als sie plötzlich über mir waren. Kobolde wie wir! Zehn, zwanzig, ich weiß es nicht. Sie rissen mir das Paket aus der Hand, packten und schüttelten mich und warfen mich auf die Knie. Einer von ihnen baute sich breitbeinig vor mir auf, grinste mich höhnisch an und sagte dann mit weicher, drohender Stimme: »Wir danken für die milde Gabe!« Dann packten sie mich am Nackenfell und stießen mich unter grölendem Gelächter eine steile Böschung hinunter. Ich weiß nicht mehr, wie ich dann doch noch hierher gekommen bin.

Ich habe mich irgendwie immer nach Norden geschleppt, bis ich plötzlich auf dieser Brücke stand. Da habe ich mich erinnert, daß Feuerkopf immer unter genau so einer Brücke gewohnt hat und bin hinuntergekrochen.« Er senkte den Kopf und schwieg.

Neunauge und Feuerkopf saßen nur da und starrten ihn ungläubig an.

Feuerkopf fand als erster die Sprache wieder. »So eine widerliche Geschichte habe ich ja noch nie gehört!« stieß er hervor, und seine Augen sprühten grünes Feuer. »In all den vielen Jahren, die ich in diesem Wald lebe, habe ich mich mit schieß-

wütigen Jägern, hungrigen Füchsen und streunenden Katzen rumschlagen müssen. Ich mußte mich vor Kindern in Sicherheit bringen, die mich als Stofftier mit nach Hause schleppen wollten – aber Kobolde, die andere überfallen und Böschungen runterschubsen – pfui Teufel!« Feuerkopf schüttelte sich vor Wut. »So was hat es noch nie gegeben! Mal 'ne kleine Prügelei, ja. Aber jemandem das Essen wegnehmen und ihn im Wald zum Verhungern liegenlassen. Ich«, seine Stimme überschlug sich vor Ärger, »ich könnte platzen vor Wut!«

»Und dann so viele gegen einen!« knurrte Neunauge und legte Blaupfeil tröstend ihren Arm um die mageren Schultern. »Du hast keine Ahnung, wer sie gewesen sein könnten?«

Blaupfeil schüttelte müde den Kopf.

Nachdenklich kaute Neunauge auf ihren Krallen herum. »Die Sache gefällt mir nicht!« murmelte sie. »Ganz und gar nicht.« Sie schüttelte den Kopf. »Aber für den Moment sollten wir sie erst mal vergessen. Ich wette, Blaupfeil fällt vor Hunger fast um, oder?«

»Ich weiß schon fast nicht mehr, was das ist – Essen«, sagte Blaupfeil. Dann warf er Neunauge einen ungläubigen Blick zu. »Willst du etwa sagen, daß ihr etwas zu essen habt?«

Neunauge nickte.

»Für dich wird's schon irgendwie noch reichen«, sagte Feuerkopf und stand auf. »Was meinst du? Kannst du den weiten Weg laufen? Wir haben unseren ganzen Proviant bei Siebenpunkt.«

»Ich werd's versuchen«, sagte Blaupfeil und rappelte sich hoch.

»Weißt du was?« Feuerkopf zwinkerte ihm zu. »Mir ist gerade eine einmalig gute Idee gekommen. Wir werden dich fahren!«

Blaupfeil blickte ihn verständnislos an.

»Du kannst mir ruhig glauben«, Feuerkopf grinste. »Ich muß nur noch meine Höhle wieder zustopfen, dann geht es los!«

2. Kapitel

worin dem armen Siebenpunkt
böse mitgespielt wird und die ruhigen,
satten Tage ein jähes Ende finden

Wenig später zogen Feuerkopf und Neunauge den erschöpften, zerzausten Blaupfeil auf Feuerkopfs Laster durch den Schnee. Er hatte sich in der Ladekippe zusammengerollt und war sofort eingeschlafen.

»Feuerkopf, ich mache mir Sorgen!« flüsterte Neunauge.

Der Himmel über ihnen war fast so weiß wie der Schnee, und die Sonne war nur ein sanftes Leuchten hinter den Wolken.

»Ja, ich weiß«, sagte Feuerkopf leise. »Du wüßtest genauso gerne wie ich, wo diese widerlichen Kerle jetzt sind.«

»Genau!« Neunauge nickte. »Wir werden in nächster Zeit die Augen offenhalten müssen.«

»Ja«, seufzte Feuerkopf, »und durch den Esser mehr müssen wir wohl auch ein paar Hungertage einlegen.«

»Wird sich nicht vermeiden lassen.« Neunauge zuckte mit den Achseln. »Wir müssen eben auf einen frühen Frühling hoffen oder auf unverhoffte Beute.«

»Wer weiß? Vielleicht kommt Schwalbenschwanz ja auch bald zurück«, sagte Feuerkopf, »mit einer Unmenge von Butterbroten und Keksen bepackt. Wenn ich allerdings an Blaupfeils Gruselgeschichten denke, kann ich nur hoffen, daß er überhaupt heil zurückkommt!«

Schweigend stapften sie weiter. Es begann wieder zu schneien. Der schlafende Blaupfeil war schon bald mit einer dünnen Schneeschicht bedeckt, und auch Neunauge und Feuerkopf hatten im Nu Schneemützen auf den Köpfen. Immer heftiger wirbelten die Flocken herab. Das Ziehen des Lasters wurde immer mühsamer.

Sie waren nicht mehr weit von ihrem Ziel entfernt, als Neunauge abrupt stehenblieb. »Was ist das?« fragte sie und starrte auf den verschneiten Boden. »Siehst du das, Feuerkopf?«

Selbst unter dem frischgefallenen Schnee konnte man deutlich erkennen, daß hier vor einiger Zeit viele Füße entlanggetrampelt waren – Koboldfüße. »Verdammt!« stieß Feuerkopf hervor.

Da vorne war der tote Baum mit Siebenpunkts Bau. Und genau dorthin führte die breite Trampelspur, die der Schnee nur langsam zudeckte.

»Schnell!« rief Feuerkopf und ließ die Schnur des Spielzeugautos in den Schnee fallen.

Aber Neunauge war schon längst losgerannt. Als sie die Baumkrone erreichte, sah sie zu ihrem Entsetzen, daß viele der toten Äste abgeknickt und zerbrochen waren. Fluchend kroch sie zwischen den Zweigen hindurch zum Höhleneingang. »Siebenpunkt!« rief sie. »He, Siebenpunkt!«

Hinter ihr kam Feuerkopf herangekeucht. »Wo ist er? Ist er in Ordnung?«

»Ich weiß es nicht!« Neunauge sprang in die Höhle und sah sich um. Die Höhle war leer. All ihre Vorräte waren verschwunden.

»O nein!« stöhnte Feuerkopf.

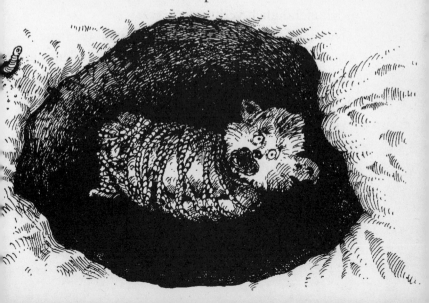

Aus einem der vielen Seitengänge kam ein gedämpftes Grunzen. Sie rannten hin. Verschnürt wie eine Schmetterlingslarve lag Siebenpunkt im Dunkeln und versuchte verzweifelt, ein zusammengeknülltes Blatt auszuspucken, das man ihm als Knebel in den Mund gestopft hatte.

»Siebenpunkt!« Mit zitternden Fingern zog Neunauge dem dicken Kobold den Knebel aus dem Mund, während Feuerkopf ihm seine Fesseln kurzerhand durchbiß.

»Oh, es tut mir leid!« schluchzte Siebenpunkt. »Sie haben alles mitgenommen. Aber es waren einfach zu viele!«

»Ist ja gut«, tröstete Neunauge ihn, »beruhige dich!«

»Beruhigen?« schniefte Siebenpunkt. »Wie soll ich mich denn beruhigen? Nun müssen wir doch noch elendiglich verhungern!«

»Niemand verhungert hier!« schnaubte Feuerkopf. Er zitterte vor Wut. »Jeden Keks holen wir uns zurück, das verspreche ich dir, jedes Stück Schokolade. Nicht einen Bissen werden diese Schufte behalten!«

»Wie willst du das denn anstellen?« fragte Siebenpunkt und rappelte sich hoch.

»Weiß ich noch nicht«, sagte Feuerkopf, »aber wir holen uns alles zurück.«

»Ja, das werden wir!« knurrte Neunauge grimmig. »Aber dann will ich in diesem verflixten Winter endlich meine Ruhe haben!«

Stumm krochen sie einer nach dem andern aus ihrem geplünderten Bau ins Freie. Draußen fiel der Schnee inzwischen so dicht vom Himmel, daß man keinen Schritt weit sehen konnte.

»Verdammt«, fluchte Neunauge, »in ein paar Minuten werden ihre Spuren völlig verschwunden sein. Wie lange sind sie schon weg, Siebenpunkt?«

»Schon eine ganze Weile«, schniefte Siebenpunkt. »Ich dachte, ich verschimmle, so lange habe ich allein im Dunkeln gelegen.«

»Dann hat es sowieso keinen Zweck, ihnen zu folgen«, sagte Feuerkopf mit finsterer Miene. Plötzlich schlug er sich an die Stirn. »Oje, wir haben Blaupfeil völlig vergessen. Geht wieder in die Höhle. Ich hole ihn.« Und schon war er im Schneegestöber verschwunden.

»Blaupfeil?« Verdattert sah Siebenpunkt Neunauge an. »Wieso? Ich dachte, der wäre verschwunden?«

»Das ist eine lange Geschichte«, sagte Neunauge.

»Wie wär's, wenn ich sie dir in der Höhle erzähle?«

Einige Zeit später saßen alle vier mit verdrießlichen Gesichtern in der leeren Höhle.

»Wie haben die eigentlich alles mitbekommen?« fragte Neunauge.

»Sie hatten große Säcke dabei«, sagte Siebenpunkt.

»Und sie haben dir natürlich nicht netterweise gesagt, wer sie sind, oder?«

»Natürlich nicht«, seufzte Siebenpunkt. »Sie haben nur rumgegrölt und gemeine Witze über mich gemacht. Und herumgebrüllt, was sie doch für tolle Kerle sind.«

Feuerkopf ließ ein tiefes Knurren hören. »Ich weiß, wir haben in den letzten Jahren auch einiges zusammengestohlen. Doch es ist – verdammt noch mal – eine Sache, den Menschen was abzujagen, die vor lauter Essen fast platzen. Schließlich plündern die seit Jahren den Wald und lassen uns nicht mal ein paar Beeren zum Leben. Aber den eigenen Artgenossen alles zu rauben, damit sie dann vor Hunger sterben, das ist wohl das Gemeinste, was mir je begegnet ist!«

»Hör auf, dich aufzuregen«, sagte Neunauge.

»Das hat doch keinen Sinn! Denk lieber darüber nach, wohin sie unseren Proviant geschleppt haben könnten. Wir müssen ihn uns schnell zurückholen, oder wir werden vor Hunger bald kaum noch aus dem Bau kriechen können!« Sie wandte sich noch einmal dem dicken Kobold zu. »Siebenpunkt, haben sie vielleicht irgendwas darüber gesagt, wie weit es noch bis zu ihrem Bau ist? Oder wie weit sie das ganze Zeug schleppen müssen?«

Siebenpunkt legte seine pelzige Stirn in Falten und dachte angestrengt nach. Plötzlich hellte sich sein Gesicht auf. »Ja, jetzt fällt mir etwas ein«, sagte er und sah die anderen aufgeregt an. »Sie sind wie wild in der Höhle herumgetobt und haben dumme Witze gerissen, und da hat sich einer von ihnen plötzlich tierisch aufgeregt und…«

»War das so ein magerer Kerl?« unterbrach ihn Blaupfeil. »Mit schneeweißem Fell und winzigen schwarzen Flecken auf dem Bauch?«

»Ja, genau!« Staunend sah Siebenpunkt ihn an. »Mit so einer komisch weichen Stimme.«

»Das muß derselbe gewesen sein, von dem ich euch erzählt habe!« sagte Blaupfeil aufgeregt. »Derselbe hat die Bande angeführt, die mich überfallen hat!«

»Der scheint so was wie der Boß zu sein«, knurrte Feuerkopf. »Typisch. Solche idiotischen Banden haben immer einen Boß.«

»Na, damit ist ja wohl endgültig bewiesen, daß es dieselbe Bande war«, stellte Neunauge fest. »Ist ja direkt beruhigend, daß nicht zwei solche Horden hier herumziehen. Also, Siebenpunkt, was hat dieser Anführer gesagt?«

»Er hat sie angeschnauzt, daß sie den Blödsinn lassen und alles in die Säcke packen sollen, damit sie noch vor der Dunkelheit in ihrem Bau sind.«

»Aha«, sagte Feuerkopf, »jetzt wird's interessant. Hat dieser Widerling sonst noch was gesagt?«

Siebenpunkt legte seine Stirn in Falten. »Ja! Er hat gesagt, daß sie, wenn es weiter so schneit, mit den schweren Säcken kaum den Hang raufkommen werden.«

»Sehr interessant!« Feuerkopf drehte sich zu Blaupfeil um. »Hast du eine Ahnung, in welcher Richtung die Stelle liegt, an der sie dich überfallen haben?«

»Es muß im Süden gewesen sein«, sagte Blaupfeil.

»Na, immerhin«, ein triumphierendes Lächeln erschien auf Feuerkopfs Gesicht, »damit sind wir ihnen schon auf der Spur. Soviel habe ich an ihren

Spuren noch sehen können: Sie sind von Süden her angetrampelt gekommen, und sie sind auch nach Süden wieder davongetrampelt. Damit haben wir zumindest schon mal eine grobe Richtung.« Er stand auf und begann aufgeregt in der Höhle auf und ab zu gehen. »Was wissen wir noch? Daß ihr Bau so weit von hier entfernt ist, daß sie ihn sogar mit dem schweren Gepäck noch vor Dunkelheit erreichen können. Siebenpunkt, stimmt es, daß sie hier aufgetaucht sind, kurz nachdem wir weg waren?«

Siebenpunkt nickte. »Ich glaube, ihr wart nicht mal eine halbe Stunde fort. Ich war noch nicht wieder eingeschlafen.«

»Das heißt, ihr Bau kann nicht weiter als sechs, sieben Stunden von hier entfernt sein. Und wir können bestimmt noch was abziehen, weil sie schließlich schwer zu schleppen hatten.«

»So weit bin ich noch nie gewesen«, sagte Neunauge. »Keiner von uns ist jemals so weit im Süden gewesen.«

»Ich schon«, sagte Blaupfeil, »aber ich erinnere mich nicht gern daran.«

»Wie sieht es denn dort aus?« fragte Siebenpunkt ihn besorgt.

»Der Wald ist dort viel dichter als hier«, erzählte Blaupfeil, »die Bäume sind höher und kräftiger. Und das Dickicht zwischen ihnen ist an manchen Stellen fast undurchdringlich. Ein paarmal mußte ich die Richtung ändern, weil der Boden so sumpfig war, daß ich Angst hatte, einzusinken. Und überall roch es ganz fürchterlich nach Eulen und Füchsen.«

»Bist du auch durch besonders hügelige Gebiete gekommen?« fragte Feuerkopf.

Blaupfeil schüttelte den Kopf. »Nein, daran kann ich mich nicht erinnern.«

»Es könnte sein, daß ihr Bau auf einem Hügel liegt«, meinte Feuerkopf nachdenklich. »Weil ihr Anführer von einem Hang gesprochen hat.«

»Könnte sein«, sagte Neunauge, »er könnte aber auch einfach nur irgendeinen Hügel gemeint haben oder eine steile Böschung.«

»Könnte, könnte«, brummte Feuerkopf, »sei nicht so pessimistisch.«

Siebenpunkt räusperte sich. »Ich habe da vielleicht eine Idee«, sagte er mit zögernder Stimme, »aber ich weiß nicht...«

»Was für eine Idee?« fragte Neunauge.

»Ich dachte, daß wir vielleicht Tausendschön um

Rat fragen könnten«, sagte Siebenpunkt. »Sie ist doch schon soviel herumgekommen. Damals. Auf ihrer Wanderschaft. Vielleicht weiß sie ja, wo es im Süden Hügel gibt – oder einen Bau, in dem sich ein großer Haufen Kobolde verstecken könnte.«

»Siebenpunkt, das ist eine Spitzenidee!« rief Feuerkopf.

Der dicke Kobold lächelte und strich sich verlegen übers Fell.

»Wo wohnt denn Tausendschön jetzt?«

»Auf einem Baum – genau wie ich«, sagte Neunauge. »In einem verlassenen Eichhörnchennest, etwas mehr als eine Wegstunde von hier. Wie wär's, wenn ich gleich heute zu ihr gehe? Dann könnte ich schon morgen früh zurück sein.«

»Du ganz allein?« fragte Siebenpunkt.

»Ja, ich allein. Dann kannst du dich von dem Überfall erholen, und Feuerkopf besorgt eine Notration Essen für den ausgehungerten Blaupfeil, während ich weg bin.«

»Wo soll ich die denn herkriegen?« fragte Feuerkopf mürrisch.

»Da, wo die Menschen immer die Enten füttern. Du weißt schon. Da kann man immer ein paar Brotbrocken finden.«

»Also gut«, brummte Feuerkopf, »ich habe zwar keine Lust, aber ich mach's. Während die beiden«, er warf Siebenpunkt und Blaupfeil einen düsteren Blick zu, »hier faul auf der Haut liegen können.«

»Stell dich nicht so an!« Neunauge grinste und sprang auf die Füße. »Ich werde mich jetzt gleich auf den Weg machen.« Sie lief zum Höhleneingang und blickte hinaus. »Es schneit immer noch«, stellte sie fest. »Ich werde als Schneefrau bei Tausendschön ankommen!«

3. Kapitel

in dem die alte Tausendschön
Neunauge einiges zu erzählen hat

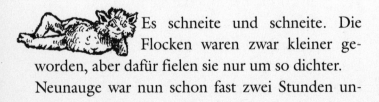 Es schneite und schneite. Die Flocken waren zwar kleiner geworden, aber dafür fielen sie nur um so dichter. Neunauge war nun schon fast zwei Stunden un-

terwegs. Sie kam bei diesem Wetter viel langsamer voran, als sie gedacht hatte. Ihr braunes Fell war auf dem Rücken und dem Kopf schon unter einer richtigen Schneekruste verschwunden. Immer wieder blieb sie stehen, um sich die eisigen Flocken aus dem Fell zu klopfen. Aber immer mehr davon blieben hängen. Sie hatte sich zwei große Stücke Baumrinde unter die Füße gebunden, wie es ihr Feuerkopf geraten hatte. Nur dadurch war sie überhaupt so weit gekommen. Aber trotzdem waren ihre Beine müde, und ihre Augen flimmerten von all dem Weiß um sie her.

Es begann bereits zu dämmern. Neunauge beschleunigte ihre Schritte. Soweit sie sich erinnerte, lag Tausendschöns Nest in einer riesigen, alten Rotbuche. Doch Neunauge war sehr, sehr lange nicht mehr in dieser Gegend gewesen. Und der Schnee und die aufziehende Dämmerung ließen die großen, kahlen Bäume alle gleich aussehen.

Trotzdem – sie hatte das Gefühl, daß es hier irgendwo sein mußte. »Hinter der Buche stand ein Baum, den der Blitz gespalten hat«, murmelte Neunauge. »Der müßte doch zu entdecken sein.« Sie blieb stehen und sah sich aufmerksam um. Und wirklich – da war er! Erleichtert atmete sie auf. Nur wenige Meter rechts von ihr erhob sich eine riesige Buche in den Himmel, und hinter ihr stand eine zweite, kleinere, deren Stamm fast bis zur Erde gespalten war.

Hastig lief Neunauge über den verschneiten Waldboden, bis der mächtige Stamm direkt vor ihr in den Himmel ragte. Hoch oben sah sie das große, runde Nest in der Baumkrone hängen.

»Oje«, seufzte Neunauge, »das wird eine lange Kletterpartie!«

Sie band sich die Rindenstücke von den Füßen und steckte sie neben dem Baumstamm in den Schnee. Dann krallte sie sich in die silbrige Rinde und begann, an dem glatten Stamm hinaufzuklettern.

Ihre Beine waren alles andere als frisch von dem langen Weg, und die wirbelnden Flocken machten das Klettern auch nicht gerade leichter. Zum Glück mußte sie nur ein kurzes Stück durch die Baumkrone klettern. Keuchend hangelte sie sich von Ast zu Ast auf das Nest zu. Schnee rieselte ihr in die Augen. Ein paarmal krachte es bedrohlich. Aber keiner der Äste brach.

Die runde Öffnung von Tausendschöns Nest war sorgfältig verstopft.

Sie ist fort! dachte Neunauge entsetzt. Der Ast, an
dem sie hing, schwankte im
Wind. Sie warf einen nervösen Blick in die Tiefe. Da
hörte sie aus dem Inneren
des Eichhornnestes ein
scharrendes Geräusch.
»Tausendschön?« rief sie und
kratzte mit ihren feinen Krallen ein paarmal über die
Nestwand.
»Bist du da?«
Das Scharren im Nest wurde
lauter, und eine Sekunde
später schob eine kleine,
magere Hand die Blätter
zur Seite, die den Nestein-

gang verschlossen. Ein schmaler, grauer Kobold-
kopf schob sich aus der Öffnung und blickte Neunauge erstaunt aus riesigen, schwarzen Augen an.

»Neunauge, bist du es?« fragte die uralte Koboldfrau ungläubig. »Komm schnell herein, bevor du
da draußen festfrierst!«

Erschöpft kroch Neunauge durch das enge Loch
und ließ sich in die weichen, warmen Vogelfedern
plumpsen, mit denen Tausendschön ihr Zuhause
gepolstert hatte.

»Ich dachte schon, du bist nicht mehr da«, sagte
Neunauge. »Weil die Öffnung so fest verschlossen
war.«

»Das mach' ich bei diesem Wetter immer«, sagte
Tausendschön. »Wenn man so alt ist wie ich, friert
man leicht.«

Sie griff in die Federn hinter sich, förderte einen
Haselnußkern zutage und hielt ihn Neunauge
hin. »Willst du? Du hast doch sicherlich Hunger –
nach dem langen Weg, den du hinter dir hast.«

»Hast du denn genug?« fragte Neunauge und
starrte hungrig auf die Nuß.

»Ich brauche nicht viel.« Tausendschön lächelte.
»In meinem Alter hat man keinen großen Appetit
mehr. Außerdem habe ich ein paar gute Freunde:

eine Elster, die mir ab und zu etwas bei den Menschen stibitzt, und ein Eichhörnchen, das mir immer etwas von seinem Nußvorrat abgibt. Im übrigen kenne ich mich ein wenig mit Wurzeln und Kräutern aus, und so komme ich meist einigermaßen gut über den Winter. Aber wie steht es mit euch? Habt ihr Sorgen mit dem Wintervorrat? Machst du mir deshalb bei diesem Wetter einen Besuch?«

»So ungefähr«, Neunauge nickte, »aber es ist eine lange Geschichte. Ich weiß gar nicht, wo ich anfangen soll.«

Tausendschön lachte. »Fang am besten ganz vorne an. Ich weiß ja gar nicht mehr, wie es bei euch aussieht.«

»Gut!« Neunauge seufzte und knabberte etwas an ihrer Nuß. »Ich fange ganz von vorne an. Du weißt, noch vor weniger als zehn Jahren konnten wir recht gut leben von dem, was die Menschen beim Picknick oder auf dem Campingplatz wegwarfen. Aber schon vor mehreren Wintern reichte das plötzlich nicht mehr. Wir versuchten, Pilze und Beeren zu sammeln, aber die hatten die Menschen schon geholt. Also haben wir angefangen, hier und da etwas von ihrem Essen zu stehlen.

Sie hatten ja so viel. Man brauchte sich nur ihre dicken Bäuche ansehen, und wie uns dagegen das Fell um die Knochen schlotterte.«

Tausendschön nickte traurig. »Ja, ja«, sagte sie, »viele von uns können nur noch so überleben.«

Neunauge fuhr fort zu erzählen. »In den letzten Jahren sind die Menschen fast nur noch in den Wald gekommen, um sich Pilze und Beeren zu holen. Der Campingplatz wurde immer leerer. Der Regen vertrieb die Ausflügler mit ihren vollgepackten Körben – ja, und in diesem Jahr hatten wir dann kaum etwas als Wintervorrat. Wir waren ziemlich verzweifelt. Von Wurzeln und Kräutern verstehen wir leider kaum noch was...«

»Das nützt auch nicht mehr viel«, unterbrach Tausendschön. »Ich finde nur noch mit sehr viel Mühe etwas Eßbares. Die meisten Pflanzen sind verschwunden. Spurlos verschwunden! Oder sie sind krank und ungenießbar.« Tausendschön seufzte. »Es ist schwer. Besonders für euch Junge. Aber ich weiß nicht, wie ich euch helfen könnte?«

»Meine Geschichte ist noch nicht zu Ende«, sagte Neunauge. »Vor einigen Wochen waren wir schon sicher, daß wir uns gerettet hätten. Feuerkopf, Siebenpunkt und ich hatten genug Lebensmittel aus der Hütte des Campingwächters stibitzt, um diesen Winter zu überleben. Aber dann«, Neunauge senkte den Kopf, »dann ist uns heute morgen alles geraubt worden.«

»Geraubt?« fragte Tausendschön ungläubig. »Von wem? Von einem Fuchs?«

Neunauge schüttelte den Kopf. »Nein. Von Kobolden.«

»Von Kobolden?« Fassungslos sah Tausendschön Neunauge an.

»Ja. Wir hatten alles in Siebenpunkts Bau getragen. Während Feuerkopf und ich weg waren, haben sie Siebenpunkt überfallen, ihn gefesselt und alles fortgeschleppt.«

»Das ist ja eine furchtbare Geschichte!« sagte Tausendschön. »Was werdet ihr nun tun?«

»Deshalb bin ich hier«, sagte Neunauge. »Wir wissen, daß diese Kobolde aus dem südlichen Teil des Waldes gekommen sein müssen. Außerdem vermuten wir, daß ihr Versteck in einem hügeligen Gebiet liegt, ungefähr sechs Stunden von Siebenpunkts Bau entfernt. Mehr wissen wir leider nicht. Aber Siebenpunkt ist eingefallen, daß du damals auf deiner Wanderschaft vielleicht in diesem Gebiet gewesen bist und irgend etwas weißt, was uns

127

weiterhelfen könnte. Du bist unsere letzte Hoffnung!«

»Hm.« Nachdenklich blickte Tausendschön vor sich hin. »Ich bin damals im südlichen Teil des Waldes gewesen«, sagte sie, »aber Kobolde, die andere überfallen und ausplündern, sind mir nicht begegnet. Allerdings«, sie zögerte und zog die Stirn kraus, »allerdings gab es damals Gerüchte über ein großes Koboldversteck, dem man angeblich besser nicht zu nahe käme. Die Gerüchte sagten, es wären schon Kobolde dort in der Nähe verschwunden. Einige behaupteten sogar, die Horde, die in diesem Versteck lebte, hätte sie an die Menschen verkauft. Andere sagten, verschleppte Kobolde würden wie Sklaven dort arbeiten müssen.« Tausendschön schüttelte traurig den Kopf. »Ich habe das alles damals für nichts als Gruselgeschichten gehalten, aber wer weiß... Es gibt soviel Schlimmes auf der Welt, wieso soll an diesen Geschichten nicht etwas Wahres sein?«

»Hast du je gehört, wo genau dieses Versteck ist?« fragte Neunauge aufgeregt.

»Keiner wußte es genau. Es hieß immer, es liege da, wo der Wald besonders sumpfig ist, auf einem steil ansteigenden Hügel.«

»Das muß es sein«, flüsterte Neunauge. »Wo sind diese Sümpfe?«

Tausendschön überlegte kurz. »Wohnt Feuerkopf immer noch an diesem kleinen Bach?«

Neunauge nickte. »Ja, wieso?«

»Wenn ihr diesem Bach nach Süden folgt, werdet ihr irgendwann in ein Waldgebiet kommen, in dem es von Tümpeln, Sümpfen und abgestorbenen Bäumen nur so wimmelt. Es ist eigentlich ein sehr schönes Gebiet. Im Sommer sieht man dort die wunderlichsten Blüten und bunte Libellen, die über dem Wasser tanzen. Aber für uns Kobolde ist es natürlich gefährlich. Wenn ihr dort hin müßt, seid froh, daß Winter ist und Schlamm und Morast gefroren sind! Sobald ihr in das Gebiet kommt, müßt ihr nach Südwesten gehen. Dann stoßt ihr nach einiger Zeit auf ein paar Hügel. Wenn es dieses berüchtigte Versteck wirklich gibt, müßte es dort zu finden sein.«

»Hast du irgendeine Ahnung, wie dieses Versteck aussehen soll?« fragte Neunauge.

Tausendschön wiegte den grauen Kopf nachdenklich hin und her. »Warte«, sagte sie, »laß mich nachdenken. Ja. Da war etwas.« Die alte Koboldfrau schloß die Augen. »Es soll kein gewöhnlicher

Bau sein. Kein Kaninchenbau oder so was. Jetzt erinnere ich mich...« Sie öffnete die nachtschwarzen Augen und sah Neunauge an. »Es soll so etwas wie eine Ruine sein. Ein abgebranntes Menschenhaus, von dem nur noch ein paar verkohlte Mauerreste zu sehen sind. Die Keller des Hauses seien unzerstört. Und dort unten soll diese Horde hausen. So hat man es mir damals erzählt.«

»Oh, Tausendschön!« sagte Neunauge begeistert. »Wie soll ich dir nur danken? Nun wissen wir, wo wir suchen müssen. Und wir werden sie finden, so wahr ich hier sitze. Und wir werden uns alles zurückholen und in diesem Winter nicht verhungern!«

Tausendschön lächelte. »Freut mich, daß ich dir helfen konnte. Wenn ich jünger wäre, würde ich vielleicht sogar mit euch kommen. Aber so«, sie grinste, »mit den alten, müden Knochen wäre ich euch, glaube ich, keine große Hilfe!«

»Du hast uns schon mehr geholfen, als wir gehofft hatten«, sagte Neunauge strahlend. »Am liebsten würde ich jetzt gleich aufbrechen, um alles den anderen zu erzählen.«

»Das läßt du besser«, sagte Tausendschön und

warf einen kurzen Blick nach draußen, bevor sie das Loch wieder zustopfte. »Du ißt jetzt noch eine Nuß, legst dich in die Federn und schläfst ein bißchen. Und bei Sonnenaufgang machst du dich auf den Heimweg. Was hältst du davon?«

»Ich glaube, das ist vernünftiger.« Neunauge seufzte und begann genüßlich, ihre zweite Haselnuß zu knabbern. Dann sank sie mit vollem Bauch in die weichen Federn und schlief sofort ein.

4. Kapitel

in dem sich unsere drei Koboldfreunde
mit leeren Bäuchen auf eine gefährliche
Reise machen

Schon einen Tag und eine Nacht später brachen Neunauge, Siebenpunkt und Feuerkopf im Morgengrauen auf.

Blaupfeil blieb mit ein paar Brotbrocken als Verpflegung in Siebenpunkts Bau zurück. Er war noch zu erschöpft, um ihnen bei ihrem Vorhaben von großem Nutzen sein zu können. Es war ziemlich schwer gewesen, ihn davon zu überzeugen, aber schließlich hatte er es eingesehen.

Tausendschön hatte Neunauge zum Abschied noch ein paar Nüsse als Notration mitgegeben. »In ein so gefährliches Abenteuer sollte man sich nicht mit leerem Magen stürzen«, hatte sie zum Abschied gesagt. Außerdem hatten die drei Freunde Feuerkopfs Laster dabei, ein paar leere Säcke, ein Seil und ein paar trockene Brotrinden – eine ziemlich klägliche Ausrüstung, aber was sollten sie machen? Sie hatten einfach nicht mehr.

Es war ein trüber, nebliger Morgen, und die drei stapften in ziemlich gedrückter Stimmung durch den Schnee. Am Abend vorher hatte es aufgehört zu schneien, und über Nacht hatte der Frost aus den weichen, pulvrigen Flocken eine harte Schneedecke gemacht. Als sie auf der Brücke ankamen, unter der Feuerkopf seine Höhle hatte, blieben sie stehen. Der kleine Bach war fast völlig zugefroren, aber sie hörten sein Gurgeln und Glucksen unter dem dicken Eis bis zu sich hinauf.

»Ach, wäre es nicht schön, wenn da unten in meinem Bau jetzt ein wunderbares Frühstück auf uns warten würde?« Feuerkopf seufzte.

»Hör bloß auf!« sagte Siebenpunkt und blickte ängstlich nach Süden. Dunkel und kahl erhob sich dort der Wald aus den eisigen Nebelschwaden.

»Kommt!« sagte Neunauge. »Es wird Zeit, daß wir weitergehen.«

Schweigend stapften sie mit Rindenstücken unter den Füßen weiter durch den Schnee. Neunauge ging voran. Dann kam Siebenpunkt und als letzter Feuerkopf mit dem giftgrünen Spielzeugauto. Sie gingen immer dicht an der Uferböschung entlang, um in dem dichten Nebel den kleinen Bach nicht aus den Augen zu verlieren. In weiten Windungen schlängelte er sich nach Süden, unter Eis und Schnee verborgen, zwischen vereisten Steinen und verschneiten Gräsern hindurch – immer weiter nach Süden.

Schon bald waren die Kobolde in einem Teil des Waldes, den sie noch nie betreten hatten. Alles war fremd, die Geräusche, die Gerüche, jeder Baum und jeder Strauch. Das Unterholz wurde immer dichter, und umgestürzte Bäume versperrten ihnen den Weg. Oft war einfach kein Durchkommen, und sie mußten zeitraubende Umwege machen. Überall zwischen den Bäumen war der Boden mit herabgefallenen Ästen übersät, die der Schnee zu unüberwindlichen Hindernissen gemacht hatte.

Sie waren schon drei Stunden gelaufen, als sie an einem Fuchsbau vorbeikamen, der unbewohnt aussah. Vorsichtig schnupperte Neunauge die Umgebung ab und steckte schließlich sogar die Nase in den dunklen Eingang.

»Seit Monaten verlassen!« stellte sie fest. »Wie wäre es, wenn wir hier eine kleine Pause einlegen?«

»Eine wunderbare Idee«, sagte Siebenpunkt und rieb sich die müden Beine.

Feuerkopf nahm die eingewickelten Brotrinden vom Laster, und sie hockten sich damit in die geräumige Höhle. Sie setzten sich so hin, daß sie aus dem Eingang in den Wald hinausblicken konnten.

»Na, wie gefällt euch die Gegend hier?« fragte Feuerkopf und brach eine der Brotrinden in drei gleiche Stücke.

»Ich find's unheimlich«, sagte Neunauge und blickte mißmutig nach draußen. »Alles ist wie ausgestorben. Nicht mal eine Krähe läßt sich hören. Kein Reh, kein Karnickel. Nichts.«

»Nur drei hungrige Kobolde.« Siebenpunkt seufzte und nagte verdrießlich an dem trockenen Brot herum. »Könnten wir nicht zum Trost eine von Tausendschöns Nüssen essen?«

Neunauge schüttelte entschieden den Kopf. »Nein, mein Lieber. Die werden erst mal aufgehoben.«

Mit düsterer Miene kauten sie auf ihren steinharten Rinden herum. Nicht mal Feuerkopf wollte ein Witz einfallen.

Als sie wieder aufbrachen, hatte sich der Nebel etwas gehoben. Aber die Sonne war nicht zu sehen, und die Welt war nichts als grau, weiß und schwarz.

Einmal versteckten sie sich im Unterholz, weil in der Ferne ein Marder durch den Schnee huschte, doch ansonsten blieb alles um sie her stumm und starr.

Dann – ganz allmählich – veränderte der Wald sich. Immer öfter lagen offene, verschneite Flächen zwischen den Bäumen. Im Sommer waren das wahrscheinlich tückische Sumpfgebiete, aber jetzt sahen sie fast aus wie vereiste Wiesen.

Immer öfter sahen die drei kleine Bäche, genauso vereist wie der, dem sie folgten. Und immer öfter sahen sie Bäume, denen man selbst jetzt ansah, daß sie seit Jahren kein Laub getragen hatten.

»Wir scheinen in den sumpfigen Teil des Waldes zu kommen«, sagte Neunauge und blieb stehen. »Also müssen wir uns jetzt nach Südwesten wenden.«

Der Bach, dem sie nun schon so lange folgten, machte gerade einen weiten Bogen. Neunauge blickte nachdenklich zum Himmel. Aber er war so grau und wolkenverhangen, daß man nicht einmal ahnen konnte, wo sich die Sonne gerade befand.

»Da vorne scheint es etwas hügeliger zu werden«, sagte sie schließlich.

»Wo?« Feuerkopf kniff die Augen zusammen. »Ich sehe nichts. Aber ich glaube dir gern. Und wenn wir die ganze Zeit nach Süden gegangen sind, müßte das eigentlich Südwesten sein. Was meinst du, Siebenpunkt?«

Siebenpunkt zuckte die Achseln und schaute sich unsicher um. »Keine Ahnung. Mich dürft ihr nicht fragen. Ich komme immer durcheinander mit diesen verdammten Himmelsrichtungen.«

»Also gut. Gehen wir!« Entschlossen wandte sich Neunauge dahin, wo sie ihr Ziel vermutete. Die

anderen folgten ihr schweigend. Vorsichtig über-
querten sie den Bach, der sie hierhergeführt hatte.
Mühsam rutschten und schlitterten sie über das
glatte Eis und kletterten die steinige Böschung
hinauf.

»Vielleicht sollten wir hier irgendein Zeichen an-
bringen«, sagte Feuerkopf, »irgendwas, woran wir
die Stelle und den Bach wiedererkennen.«

»Gute Idee!« Neunauge nickte. »Aber was?«

»Na, am besten ritzten wir etwas in den Baum
hier.« Er zeigte auf eine Weide, die direkt an der
Uferböschung wuchs.

»Und was?«

Feuerkopf kratzte sich den leeren Bauch. »Wie
wär's mit einem K wie Kekse?«

»Oder wie Kobolde«, sagte Siebenpunkt und
grinste. »K gefällt mir.«

»Also gut«, sagte Neunauge, »wieso nicht?«

Mühsam kratzte Feuerkopf mit einer seiner spitzen Krallen ein großes K in die Baumrinde. Dann
trat er ein paar Schritte zurück und betrachtete
sein Werk kritisch mit zusammengekniffenen
Augen.

»Für Koboldaugen gut zu erkennen!« stellte er
zufrieden fest. »Weiter geht's!«

Jetzt, wo ihnen der Bach nicht länger den Weg wies, war es schwer, die Richtung zu halten, aber Neunauge ging unbeirrt voran. Die kahlen, verschneiten Sumpfflächen waren sehr viel leichter zu durchqueren als das dichte Unterholz.

Keiner von ihnen wußte, wie lange sie schon gegangen waren, als vor ihnen schließlich ein Hügel auftauchte. Er stieg ziemlich schroff an. Seine Hänge waren kaum bewachsen, soweit das unter dem hohen Schnee zu erkennen war. Aber oben auf seiner Kuppe drängte sich eine Unzahl dünner, staksiger Bäume dicht aneinander.

»Vielleicht ist das schon der richtige«, sagte Feuerkopf leise, als fürchtete er, belauscht zu werden. »Steil ist er jedenfalls.«

»Kann man wohl sagen.« Siebenpunkt seufzte. »Jeder kann uns sehen, wenn wir uns über den Schnee da hinaufquälen. Vor allem dieses Auto wird wie ein Leuchtsignal aussehen.«

Feuerkopf warf ihm einen finsteren Blick zu. »Nichts gegen mein Auto, bitte. Wir werden es noch sehr gut brauchen können. Ich pudere es einfach ein bißchen mit Schnee zu. Und wir wälzen uns am besten auch ein bißchen im Schnee herum, damit wir nicht so auffallen.«

Schneeverklebt und weißgesprenkelt machten sie sich an den mühsamen Aufstieg. Es war der bisher anstrengendste Teil ihrer Reise. Sie kamen keuchend oben an.

»Pfui Teufel!« schimpfte Feuerkopf. »Ich bin einfach nicht zum Bergsteiger geboren!«

»Scht!« zischte Neunauge und blickte sich nervös um. Ihre großen Ohren zuckten aufgeregt hin und her. »Wenn das schon der richtige Hügel ist, haben die Burschen bestimmt irgendwo Wächter herumstehen!«

Aber sosehr sie auch lauschten und umherspähten, es war nichts zu entdecken. Auch hier oben war alles stumm. Fast kam es ihnen so vor, als wären sie die letzten Lebewesen auf der ganzen Welt.

»Ich schlage vor, du versteckst dein Auto hier irgendwo«, sagte Neunauge. »Und wenn wir es brauchen, holen wir es.«

»Einverstanden!« Feuerkopf zerrte den Laster ins Unterholz – an eine Stelle, wo es besonders undurchdringlich und zugeschneit war. Er mußte sich ziemlich abmühen, das sperrige Ding weit genug hineinzubugsieren. Aber schließlich war es geschafft. Von dem bunten Spielzeug war nichts mehr zu sehen.

»Fertig«, sagte Feuerkopf. »Und was nun?«

»Jetzt suchen wir diese Ruine.«

Sie sahen sich genau um, doch auf diesem Hügel war kein niedergebranntes Menschenhaus zu finden. Nun hatten sie die Wahl zwischen einem Hügel, der sich ein ganzes Stück entfernt aus dem Wald erhob, und einem, der sich unmittelbar neben dem befand, auf dem sie gerade standen.

»Nehmen wir doch erst mal den nächsten!« sagte Siebenpunkt. »Unfreundlich sehen sie beide aus.«

Neunauge und Feuerkopf waren einverstanden. Sie beschlossen, den Laster in seinem Versteck zu lassen, packten die Nüsse und das übriggebliebene Brot in einen Sack und machten sich an den Abstieg. Sie nutzten jede Deckung, die sie finden konnten. Aber viel davon gab es nicht, auch nicht auf dem Abhang des Nachbarhügels.

Als sie diesmal oben ankamen, waren alle drei so erschöpft, daß ihre Beine zitterten.

»Ich muß mich erst mal setzen«, keuchte Feuerkopf und lehnte sich schweratmend an einen großen Stein. Neunauge und Siebenpunkt hockten sich neben ihn. Es dauerte einige Zeit, bis ihre Herzen sich wieder beruhigt hatten und ihr Atem einigermaßen langsam ging.

»Oje«, ächzte Siebenpunkt, »so eine verdammte Schinderei. Und das mit nichts als trockenem Brot im Bauch. Es ist ein Wunder, daß ich nicht schon längst tot umgefallen bin!«

»Sei still«, zischte Neunauge und lugte hinter dem Stein hervor. Hier oben sah es genauso aus wie auf dem ersten Hügel. Unruhig ließ sie ihre Blicke an den unzähligen Baumstämmen entlangwandern. Plötzlich beugte sie sich weiter vor. »Da!« sagte sie leise. »Ich glaube, diesmal haben wir Glück. Da vorne ist etwas!«

»Wo?« Aufgeregt schielten die andern beiden in die Richtung, in die Neunauges pelziger Finger wies.

»Ich seh' nichts«, brummte Feuerkopf.

»Ich auch nicht«, sagte Siebenpunkt.

»Aber ich!« Geschmeidig richtete Neunauge sich auf und winkte den beiden, ihr zu folgen.

Tiefgeduckt huschten sie von Baumstamm zu Baumstamm, bis sie hinter einer großen Schneewehe haltmachten. »Seht ihr es?«

Siebenpunkt und Feuerkopf schielten angestrengt über den Rand der Schneewehe.

»Da vorne. Hinter der verkrüppelten Eiche. Eine Ruine, genau wie Tausendschön gesagt hat.«

»Ja!« stieß Feuerkopf aufgeregt hervor. »Jetzt seh' ich es auch. Reste von einem Menschenhaus!«

»Ich glaube, da sind Wachen!« flüsterte Siebenpunkt. »Oben auf den Mauern!«

»Stimmt«, zischte Neunauge. »Am besten suchen wir uns erst mal einen Unterschlupf ganz in der Nähe, wo wir in Ruhe überlegen können, wie wir reinkommen.«

Feuerkopf und Siebenpunkt nickten wortlos. Alle drei warfen noch einen letzten Blick auf das gefährliche Ziel ihrer Reise. Dann verschwanden sie im dichten Unterholz.

5. Kapitel

in dem Feuerkopf etwas
vorschlägt, was Siebenpunkt
überhaupt nicht gefällt

 Nur wenige Meter von dem Ko-
boldversteck entfernt stießen sie
auf einen leeren Kaninchenbau.

»Selbst die Kaninchen scheinen von hier verschwunden zu sein«, sagte Feuerkopf, während er
sich prüfend in der großen Haupthöhle umsah.

»Es ist wie bei mir zu Hause«, sagte Siebenpunkt
sehnsüchtig.

»Laßt uns sehen, wie viele Ausgänge der Bau hat«,
meinte Neunauge. »Wir sollten nur einen Notausgang offenlassen.«

»Ich schau nach.« Feuerkopf flitzte los. »Vier Ausgänge«, meldete er. »Zwei habe ich mit Schnee
verstopft.«

»Gut.« Beruhigt hockte sich Neunauge auf den
Boden. »Dann laßt uns mal überlegen, wie wir in
das verflixte Räubernest hineinkommen.«

»Kein Problem!« sagte Feuerkopf, legte sich aufseufzend auf den Höhlenboden und streckte alle viere von sich. »Überhaupt kein Problem!«

Siebenpunkt hob verblüfft die Augenbrauen und sah Neunauge an. Die zuckte die Schultern. »Was meinst du damit?« fragte sie Feuerkopf. »Hast du schon eine Idee?«

»Keine Idee.« Feuerkopf schlug die Beine übereinander und lächelte lässig. »Ich habe einen Plan!«

»Ach. Seit wann?«

»Na, wir sind schließlich lange genug durch die Gegend gelatscht. Da hatte ich doch Zeit genug, mir die Sache durch den Kopf gehen zu lassen, oder?«

Neunauge schüttelte ärgerlich den Kopf. »Du bist ein alter Angeber. Nun sag schon, was du dir ausgedacht hast.«

»Also gut!« Feuerkopf holte tief Atem. »Erstens: Nach allem, was ich von diesen Kobolden gehört habe, sitzen die bestimmt nicht ständig alle da unten in ihrem Keller herum, sondern ziehen öfter mal in größeren Haufen zum Plündern durch den Wald. Richtig?«

Neunauge und Siebenpunkt nickten. »Ist zu vermuten«, sagte Neunauge.

»Gut.« Feuerkopf grinste zufrieden. »Zweitens: Die Bande hat von uns dreien bisher nur Siebenpunkt schon mal gesehen. Richtig?«

Wieder nickten die beiden.

»Also ist es ganz einfach: Neunauge und ich warten darauf, daß ein Teil der Horde heute abend von einem Raubzug zurückkommt, mischen uns unter sie und kommen so in ihren Bau. Und dort spionieren wir aus, wo sie unsere Vorräte versteckt haben.«

Neunauge pfiff durch die Zähne. »Reichlich riskant, aber nicht schlecht. Gar nicht schlecht.«

Siebenpunkt starrte Feuerkopf fassungslos an. »So etwas Verrücktes nennst du einen Plan?« stieß er hervor.

»Wieso?« Feuerkopf richtete sich auf. »Sehen diese Typen irgendwie anders aus als wir? Waren sie blau oder gelb? Oder waren es alles Koboldmänner oder nur Koboldfrauen? Oder hatten sie drei Augen? Hatten sie irgend etwas Besonderes an sich?«

Siebenpunkt schüttelte widerwillig den Kopf.

»Na also. Wie sollen die denn merken, daß wir nicht dazugehören? Ich wette, bei denen kommen ständig Neue dazu, und andere verschwinden wieder.«

»Und wenn nicht?« fragte Siebenpunkt mit zweifelnder Miene.

Feuerkopf zuckte die Achseln. »Dann haben wir Pech gehabt.«

»Die werden euch umbringen, wenn sie es merken!«

»Mich bringt so leicht keiner um.« Feuerkopf grinste.

Siebenpunkt wiegte besorgt seinen dicken Kopf hin und her. »Der Plan gefällt mir nicht. Vor allem – was soll ich die ganze Zeit machen?«

»Du kannst zum Beispiel schon mal den Laster herholen. Und die Wachen auf den Mauern ein bißchen beobachten.«

»Na toll!« sagte Siebenpunkt mißmutig. »Wie willst du eigentlich unser Zeug da herausbekommen? Hast du dir das schon mal überlegt?«

Feuerkopf zuckte die Schultern. »Das weiß ich doch jetzt noch nicht! Alles schön der Reihe nach. Erst mal muß die Lage erkundet werden. Ich würde sagen, morgen in aller Frühe schleichen Neunauge und ich uns wieder hierher. Mal sehen, was wir bis dahin herausgefunden haben!«

Zweifelnd sah Siebenpunkt ihn an, und auch Neunauge runzelte die Stirn.

»Na, nun schaut nicht so düster drein!« sagte Feuerkopf ärgerlich. »Und wenn wir jeden Keks einzeln an den Wachen vorbeischmuggeln müssen – wir kriegen alles zurück und sitzen schon in ein paar Tagen wieder satt und zufrieden in Siebenpunkts Bau. Ihr werdet sehn!«

»Hoffentlich!« brummte Siebenpunkt. »Ich glaube nämlich, du hältst diese Bande für blöder, als sie ist.«

»Ein allzu gutes Gefühl habe ich auch nicht«, sagte Neunauge, »aber daß die Sache gefährlich ist, haben wir schließlich vorher gewußt.« Sie stand auf und streckte ihre müden Glieder. »Also, sobald es dunkel wird, schleichen wir uns ganz nah an die Ruine heran. Dann können wir nur noch hoffen, daß irgendso ein Plündertrupp zurückkommt und wir uns mit reinschleusen können. Wir werden eine ordentliche Portion Glück brauchen!«

»Da könntest du allerdings recht haben«, sagte Feuerkopf.

»O verflixt!« Siebenpunkt machte ein jämmerliches Gesicht. »Ich weiß nicht, wovon mir schlechter ist. Von der Angst, daß das Ganze schiefgeht, oder vom Hunger!«

Feuerkopf und Neunauge lachten laut los.

»Ich weiß, warum er das jetzt sagt«, sagte Neunauge. »Du auch, Feuerkopf?«

»Klar«, Feuerkopf grinste, »unser Freund will Tausendschöns Nüsse. Was muß eigentlich noch alles passieren, damit der mal nicht ans Essen denkt?«

Ärgerlich sah Siebenpunkt seine beiden Freunde an. »Ihr seid blöd. Euch hängt der Magen bestimmt genauso auf den Knien wie mir!«

»Stimmt«, sagte Neunauge und öffnete den Sack mit ihrem kärglichen Proviant. »Also – laßt uns essen und nicht allzuviel an das denken, was wir vorhaben!«

Sobald die Dämmerung sich auf die Hügel herabsenkte, brachen sie auf. Mit klopfenden Herzen schlichen sie auf die hochaufragenden, verschneiten Mauerreste zu. Unheimlich sahen sie aus – wie steinerne Zähne, die aus der Erde wuchsen. Auf den beiden höchsten Mauerstücken saßen zwei Koboldwächter und ließen ihre Beine lässig in die Tiefe baumeln.

»Die scheinen sich keine allzu großen Sorgen zu machen«, flüsterte Neunauge.

»Um so besser!« flüsterte Feuerkopf zurück.

Als nur noch wenige Bäume zwischen ihnen und der Ruine lagen, legten sie sich flach in den Schnee und krochen noch ein Stück näher heran. Zum Glück war es nicht mehr so still wie am Tage. Ein starker Wind war aufgekommen und rüttelte lautstark an den kahlen Zweigen. Kleine Schneelawinen rauschten aus den Baumkronen herab, und am Boden trieb der Wind den Schnee wie weißen Rauch vor sich her.

»Vorsicht!« zischte Neunauge. »Ein Wächter blickt hierher!« Sie preßten sich noch tiefer in den eisigen Schnee und starrten in die aufziehende Dunkelheit.

Alle drei froren erbärmlich, aber sie bissen die Zähne zusammen und lauschten in das Rauschen des Windes. Sie warteten auf das Geräusch vieler Füße. Aber die Zeit verstrich, die Wächter auf den zerfallenen Mauern wechselten, und nichts rührte sich.

Neunauge dachte gerade, daß sie es nicht eine Minute länger aushielt, einfach so dazuliegen, als der dunkle Wald plötzlich erfüllt war vom Lärm lauter Stimmen und achtlos daherstampfender Füße.

»Sie kommen!« zischte Feuerkopf.

»Aus welcher Richtung?«

»Sie trampeln genau auf uns zu!«

Neunauge richtete sich vorsichtig auf und kniete sich tief gebückt in den Schnee. »Siebenpunkt, verschwinde!« flüsterte sie.

Wie eine kleine, dicke Schlange kroch Siebenpunkt davon.

Die Stimmen und Schritte wurden lauter.

»Wir springen erst hoch, wenn sie über uns sind!« flüsterte Feuerkopf.

»Das wird Fußtritte regnen«, sagte Neunauge.

Die zwei hielten den Atem an und spannten ihre Muskeln. Der Lärm kam immer näher. Dann waren sie plötzlich von einer Unzahl schmaler, haariger Körper umgeben. Einige schleppten vollgepackte Säcke, andere trampelten unbepackt nebenher. Als das Gedränge am dichtesten war, schoben sich Feuerkopf und Neunauge an einem schmalen Baumstämmchen in die Höhe und drängten sich blitzschnell zwischen die grölende Horde. Keiner merkte etwas. Das Gegröle um sie herum ging weiter, und der Haufen stapfte unbeirrt auf die Ruine zu.

Neunauge verlor Feuerkopf für einen Moment aus den Augen, doch dann erhaschte sie ein Grinsen von ihm. Sie hatten beschlossen, so zu tun, als ob sie sich nicht kannten. Das erschien ihnen sicherer. Immer näher kam der dunkle Mauerring. Dann drängte sich der wilde Haufen durch eine breite Lücke, in der wohl früher mal die Haustür gehangen hatte, und sie standen im Innern der Mauern. Über ihnen hing dunkel und sternenlos der nächtliche Himmel. Die Kobolde drängten Neunauge auf ein riesiges, viereckiges Loch zu, das genau in der Mitte der Ruine lag und ihr bedrohlich entgegengähnte. Hastig versuchte sie noch ein paar Blicke auf diesen oberen Teil der Ruine zu erhaschen. Er schien völlig leer zu sein – bis auf einen riesigen Müllhaufen, der sich in einer Ecke auftürmte und einen scheußlichen Gestank verbreitete. Dann wurde sie auch schon an den Rand des schwarzen Loches geschoben. Lange Seile baumelten von dort in die Tiefe. Etliche Kobolde hangelten sich bereits hinunter.

»Los, mach schon!« brüllte ihr eine heisere Stimme ins Ohr, und jemand stieß sie vorwärts. Benommen ergriff Neunauge eins der dicken Seile und kletterte in die Tiefe.

6. Kapitel

das in die düstere Räuberhöhle
hinabführt, wo es von finsteren Gestalten
nur so wimmelt

Der riesige Raum, der sich unter
Neunauge öffnete, war von ein
paar flackernden Kerzen spärlich beleuchtet. Er
war mindestens zehn Koboldlängen hoch, fünfzehn breit und mehr als zwanzig lang. Größer als
das Wohnzimmer des Braunen, dachte Neunauge
und kletterte hastig weiter, um nicht aufzufallen.
Als sie unten angekommen war, trat sie ein Stück
zur Seite und sah sich dann unauffällig um. Niemand beachtete sie. Das war allerdings kein Wunder, denn der Keller wimmelte nur so von Kobolden. Neunauge setzte ein möglichst grimmiges,
gelangweiltes Gesicht auf und begann, zwischen
den lärmenden Kobolden herumzuschlendern.
Jede Menge schmutziger Wolldecken bedeckte
den kalten Betonfußboden. Neunauge entdeckte
sogar ein paar Matratzen, wie Menschen sie benutzen, und löchrige Kopfkissen, aus denen weiße

152

Federn quollen. Anscheinend ist das hier die Schlafhöhle, dachte sie. Es stank nach irgendwas, was sie vom Campingplatz kannte, aber ihr fiel nicht ein, was es war.

Ringsum, an den steinernen Wänden, liefen dicke Rohre entlang, wie auch oben an der Decke. Alle möglichen Seile, Säcke und Werkzeuge baumelten von dort herunter, und an einem der Rohre lehnte eine wackelige, ziemlich schiefe Leiter.

Im dunkelsten Teil des Kellers sah Neunauge den völlig verkohlten Rest einer Treppe. Vor sehr langer Zeit hatte sie wohl mal zu dem Loch in der Decke hinaufgeführt. Jetzt ragte sie nur noch wie eine abgebrochene Rampe ein Stück in die Höhe. Etwas Langes, Dünnes baumelte von ihr herab. Neunauge kniff die Augen zusammen, machte ein paar Schritte darauf zu – und fuhr entsetzt zurück.

»Paß doch auf, wo du hintrittst!« knurrte jemand hinter ihr und stieß sie grob in die Seite.

Neunauge beachtete ihn gar nicht. Wie gebannt starrte sie hinauf zum Ende der zerstörten Treppe. Kein Zweifel. Was da herunterbaumelte, war ein Rattenschwanz. Und da ragte ja auch die spitze Schnauze ein Stück über das verkohlte Holz. Direkt daneben hing eine dicke, rostige

Kette herunter. Offenbar war die Ratte damit an der Treppe festgemacht.

Neunauges Herz schlug ihr bis zum Hals. Die halten sich Ratten! dachte sie verzweifelt. Sie zwang sich, nicht mehr hochzustarren und blickte sich hastig um. Es beachtete sie immer noch keiner. Und über die Ratte schien sich auch keiner Sorgen zu machen.

Ich muß mich beruhigen, dachte Neunauge. Nur keine Panik. Das Vieh ist schließlich angekettet.

Entschlossen drehte sie sich um und setzte ihren Erkundungsgang fort. Sie mußte herausfinden, wo der Proviant gelagert war! Hier war er offensichtlich nicht.

Am anderen Ende des Kellers entdeckte sie eine Türöffnung in der Kellerwand. Sie war fast völlig mit dem Draht abgedichtet, den Menschen für ihre Zäune und Kaninchenställe benutzen. Nur unten war ein kleiner Eingang freigelassen – gerade groß genug für ein paar Kobolde. Ein bösartig dreinblickender Kobold mit einem großen Knüppel in der Hand lungerte davor herum.

»Aha«, murmelte Neunauge, »eine Wache. Da drin muß also was Interessantes sein.«

Wie zufällig schlenderte sie auf die Türöffnung

zu. Mit einem raschen Blick am Wächter vorbei sah sie, wie ein paar Kobolde vollgestopfte Säcke auspackten. Sie trugen ein Stück Draht um den Hals. Ihre Gesichter konnte sie nicht sehen.

Neunauge schlenderte an der Tür vorbei, machte eine Runde um den Keller herum – wobei sie einen großen Bogen um die Treppe mit der Ratte machte – und warf einen zweiten Blick in den bewachten Raum. Darin stapelten sich bis an die Decke die verschiedensten Köstlichkeiten. Nur ein schmaler Gang war noch frei, und einige der Stapel sahen aus, als würden sie jeden Moment zusammenstürzen.

»Was glotzt du so blöd?« schnauzte sie der Wächter an.

Neunauge zuckte zusammen. »Wieso? Ich…« Verzweifelt suchte sie in ihrem Kopf nach der richtigen Antwort.

»Hunger hat sie, du Idiot!« sagte eine Stimme hinter ihr. »Was denkst du denn?«

Es war Feuerkopf. Neunauge hätte vor Erleichterung fast laut losgelacht.

Der Wächter knurrte ärgerlich. »Ihr müßt warten wie die anderen, also verzieht euch. Aber schnell!«

»Schon gut, schon gut!« sagte Feuerkopf und zog Neunauge schnell mit sich fort. »Nimm dich in acht!« zischte er ihr zu.

Neunauge merkte, daß sie am ganzen Leib zitterte. Sie holte tief Luft und lehnte sich an die kühle Steinwand. »Die haben eine Ratte«, flüsterte sie.

»Wo?«

»Oben auf der kaputten Treppe. Aber sie ist, glaube ich, angekettet.«

»Das fehlt uns noch«, knurrte Feuerkopf und warf einen nervösen Blick zu der Treppe hinüber. »Das ist wirklich ein ganz reizender Haufen hier.«

»Na, wenigstens wissen wir, wo der Proviant ist«, flüsterte Neunauge.

»Ja«, Feuerkopf machte ein düsteres Gesicht, »in einem bewachten Raum! Hast du eigentlich irgendwo einen Notausgang gesehen?«

Neunauge schüttelte den Kopf.

»Merkwürdig. Selbst der harmloseste Kobold hat einen. Und diese Bande nicht? Es braucht doch nur jemand das Loch da oben verstopfen, und schon sitzen sie wie Ratten in der Falle! Na ja«, er sah sich unruhig um, »wir trennen uns jetzt besser wieder. Halt die Ohren steif!«

Im Nu war er zwischen ein paar Kobolden verschwunden, die sich wüst beschimpften. Und Neunauge war wieder allein.

Überall standen und saßen, gingen und lagen die verschiedensten Kobolde – dicke und dünne, Koboldmänner und Koboldfrauen, schwarze wie Feuerkopf, sandfarbene wie Blaupfeil und Siebenpunkt und braune wie sie selbst. Der Lärm ihrer vielen Stimmen war fast unerträglich. Neunauge versuchte, weder zur Treppe noch zu der bewachten Tür hinüberzusehen. Wie sollten sie bloß dort etwas herausschmuggeln?

Plötzlich bemerkte sie, wie einer der Kobolde auf die verkohlte Treppe zuging und seelenruhig hinaufstieg. Er hatte ein glänzendes, schneeweißes Fell mit winzigen, schwarzen Flecken auf dem Bauch und war sehr mager. Neunauge runzelte die Stirn. Woher kam ihr das bekannt vor? Natürlich! Das mußte der Anführer sein, von dem Blaupfeil und Siebenpunkt erzählt hatten.

Lässig schwang er sich die letzte Treppenstufe hinauf und stand nun direkt neben der Ratte. Die Kette rasselte, als sie den Kopf hob. Der weiße Kobold stellte einen seiner Füße direkt zwischen ihre Ohren.

»Schluß jetzt!« rief er in die lärmende Menge.

Neunauge zuckte zusammen. Seine Stimme war unheimlich – samtweich und bedrohlich. Auch die anderen Kobolde waren zusammengezuckt. Es war plötzlich totenstill.

Der Anführer lächelte freundlich, aber seine Augen blickten böse auf seine Horde herab. »Ich finde, es wird Zeit, unsere heutige Beute zu feiern!« rief er.

Grölende Zustimmung erhob sich.

Mit angehaltenem Atem beobachtete Neunauge, wie der magere Kobold die schwere Kette aus ihrer Verankerung löste und sich geschmeidig auf den Rücken der Ratte schwang. Es war eine kräftige, große Wanderratte – eine der größten, die Neunauge je gesehen hatte. Ungläubig sah sie zu, wie das Tier sich mit dem mageren Burschen auf dem Rücken erhob und mit ein paar großen Sätzen die Treppe hinabsprang. Eine breite Gasse bildete sich im Koboldgedränge, und mit boshaftem Grinsen ritt der weiße Kobold hindurch.

Bei einer besonders dicken Matratze, die über und über mit Kissen bedeckt war, hielt er an und stieg ab. Die Ratte legte sich vor die Matratze, und der Koboldanführer befestigte ihre Kette an einem Eisenring, der in den Fußboden eingelassen war. Dann ließ er sich gemächlich auf den Kissen nieder und legte seine Füße auf den Rücken der Ratte. Jetzt erst bemerkte Neunauge, daß er ungewöhnlich lange Krallen hatte. Sie blitzten im Kerzenlicht wie silbrige Messer. Die Ratte zuckte zusammen, als er ihr damit durchs Fell strich.

»Bringt das Essen rein!« rief er mit seiner merkwürdigen Stimme.

Der Wächter in der Tür zum Proviantraum trat zur Seite, und ein paar Kobolde schleppten Kekse und Schokolade, Brot, Wurst und vieles mehr in den großen Keller. Sobald sie alles in der Mitte des Kellers auf den Boden gelegt

hatten, machten sich die anderen Kobolde gierig darüber her. Die aber, die das Essen hereingebracht hatten, lehnten sich an die Kellerwand und blieben dort reglos stehen. Nur ihre Augen starrten hungrig auf das viele Essen.

Sie alle hatten diesen merkwürdigen Draht um den Hals – genau wie die, die im Proviantraum die Säcke ausgepackt hatten. Oder waren es vielleicht dieselben? Vorsichtig sah Neunauge zu ihnen hinüber, während sie sich wie die anderen mit beiden Händen den Mund vollstopfte. Man konnte ihre Gesichter jetzt deutlich erkennen. Neunauge ließ ihre Augen von einem zum anderen wandern.

Als sie bei dem letzten in der traurigen Reihe anlangte, wäre ihr das Essen fast im Hals steckengeblieben. Es war Schwalbenschwanz, Blaupfeils Freund!

7. Kapitel

das hauptsächlich von Müll
und einer Dose handelt

Schwalbenschwanz war viel dünner, als Neunauge ihn in Erinnerung hatte. Sein rötliches Fell war schmutzig und verfilzt – aber es war eindeutig Schwalbenschwanz.

Neunauge zwang sich, nicht noch länger zu ihm hinüberzustarren. Also waren die Kobolde mit dem Draht um den Hals Gefangene! Ein abscheulicher Gedanke!

Jemand zupfte sie von hinten am Fell. Erschrocken fuhr sie herum. Es war Feuerkopf. »Hast du Schwalbenschwanz erkannt?« zischte er ihr zu.

Neunauge nickte.

»Ich werde versuchen, an ihn heranzukommen. Damit er wenigstens weiß, daß wir hier sind. Versuch du, etwas Essen für Siebenpunkt beiseite zu schaffen, ja?«

»Mach' ich«, flüsterte Neunauge.

Feuerkopf verschwand in der immer noch schmatzenden, kauenden Menge. Neunauge sah sich ängstlich um. Aber niemand schien ihr Geflüster bemerkt zu haben. Selbst der weiße Kobold war viel zu sehr damit beschäftigt, soviel Essen wie möglich in sich hineinzuschlingen. Von dem, was die in einer Nacht verfressen, dachte Neunauge bitter, könnten doppelt soviel Kobolde einen halben Winter überleben. Vorsichtig begann sie, sich hier ein Stückchen Schokolade und da ein Stückchen Keks unter den Arm zu klemmen. Dann ließ sie sich wie zufällig zu den Kletterseilen abdrängen und schob dort ihre Beutestücke unter eine dicke, dunkelgrüne Decke.

In kürzester Zeit war der riesige Essensberg so gut wie verschwunden. Nur noch ein paar angebissene Reste, völlig zerfetzte Kekspackungen und abgeschlecktes Schokoladenpapier lagen herum. Während die rülpsenden, vollgefressenen Kobolde sich auf den Decken und Kissen rekelten und sich ihre dicken Bäuche hielten, begannen die Gefangenen, den Abfall wegzuräumen. Sie warfen alles in einen großen Pappkarton. Sobald er voll war, wurde er mit zwei Haken durch das Loch in der Decke hinaufgezogen. Oben wurde sein Inhalt offenbar auf den großen Müllberg geschmissen, denn der Karton kam leer wieder herunter, und die Gefangenen füllten ihn erneut mit Müll.

Neunauge lag auf der grünen Decke und sah dem Treiben zu. Unter ihrem Rücken fühlte sie den kleinen Provianthaufen, den sie für Siebenpunkt zusammenstibitzt hatte. Sie schloß die Augen, rülpste und stöhnte wie die anderen und blinzelte dabei unter den Lidern hindurch zu Schwalbenschwanz hinüber.

Sie beobachtete, wie sich Feuerkopf erst jetzt von hinten an ihn heranschob. Niemand anders schien zu bemerken, daß er den Gefangenen absichtlich anrempelte und Schwalbenschwanz bei der Gelegenheit etwas ins Ohr raunte. Danach war Feuerkopf blitzschnell wieder in einem Knäuel grölender Kobolde verschwunden. Schwalbenschwanz aber stand da, wie vom Blitz getroffen.

Entsetzt bemerkte Neunauge, daß der weiße Kobold zu den Gefangenen hinübersah. Aber Schwalbenschwanz hatte sich schon wieder zusammengerissen und ging mit den anderen in den Proviantraum zurück. Neunauge seufzte erleichtert und lauschte in das Stimmengewirr um sich her. Der Lärm war gedämpfter geworden seit dem

Essen, und sie konnte einzelne Stimmen unterscheiden. Zu ihrer Linken stritten sich ein paar Kobolde lautstark darüber, wer von ihnen am meisten essen konnte. Hinter ihr waren hauptsächlich Schnarchen, Rülpsen und Fluchen zu hören. Und zu ihrer Rechten unterhielten sich zwei dicke Kobolde über den nächsten Raubzug. Neunauge spitzte die Ohren. Das könnte für sie interessant sein!

»Verdammter Mist!« fluchte der eine. »Morgen soll's schon wieder losgehn. Das gefällt meinen Füßen gar nicht.«

»Na, dann bleib doch hier«, brummte der andere.

»Nö, das ist mir zu langweilig. Immer noch besser die Latscherei und dann ein netter, kleiner Überfall, als hier den ganzen Tag rumzuhängen.«

»Morgen wird es halb so schlimm«, sagte der zweite Kobold. »Der Chef hat gesagt, wir sind schon am Nachmittag zurück.«

»Na, da bin ich ja beruhigt.«

Neunauge hatte genug gehört. Sie stand auf und schlenderte mit gelangweiltem Gesicht zwischen den vollgefressenen Kobolden hindurch. Die Kerzen waren fast völlig heruntergebrannt. Sie flackerten unruhig und warfen riesige, zappelnde

Schatten an die Wände. Es war ziemlich schwierig, Feuerkopf in dem Gewirr von Koboldkörpern zu finden. Schließlich sah sie ihn. Er hockte auf einem Kissen in der Nähe der Proviantraumtür und hatte die Augen geschlossen. Nur an seinen zuckenden Ohren war zu erkennen, daß er wach war. Neunauge schlenderte gemächlich in seine Richtung und ließ sich rülpsend neben ihm auf das Kissen fallen. Feuerkopf tat so, als würde er sie gar nicht bemerken.

Im selben Moment drang aus dem Proviantraum ein fürchterliches Gerumpel, und dann rollten die Gefangenen eine große Bierdose herein. Selbst die vollgefressensten Kobolde wurden bei diesem Anblick wieder munter und johlten und klatschten Beifall. Alle machten Platz, um die rollende, polternde Dose durchzulassen. In der Mitte des Raumes, genau vor der Matratze des weißen Kobolds, hielten die Gefangenen die Dose an. Zwei von ihnen kamen mit einer großen Holzschale, die sie vor die Dose schoben. Gierig drängten sich die Kobolde heran.

Jetzt wußte Neunauge, wonach die ganze Höhle stank. Nach Bier. Diese Kobolde tranken Menschenbier! Neunauge sah sich um. Alles war wieder auf den Beinen. Feuerkopf war auch schon aufgestanden. Widerwillig rappelte sie sich wieder hoch und schob sich neben ihn.

»Meinst du, wir müssen das Zeug trinken?« fragte sie ihn leise. Schon bei dem Gedanken wurde ihr übel.

Feuerkopf schüttelte fast unmerklich den Kopf. »Schmier dir den Schaum auf die Lippen«, flüsterte er, »damit sie denken, du hast getrunken.«

Einer der Gefangenen versuchte, die Lasche der Dose zu öffnen. »Beeil dich, du Idiot!« brüllte ihm jemand zu.

Schwalbenschwanz kam ihm zu Hilfe. Die Lasche riß auf, und das Bier schoß sprudelnd aus der Dose und ergoß sich in die Schale. Einige Kobolde hielten gleich ihren Kopf in den Strahl, andere schlürften das Bier aus der Schale. Der weiße Schaum türmte sich zu einem Berg auf, und auf dem Boden bildete sich eine große Lache. Ein paar Kobolde knieten sich hinein und leckten sie auf.

Neunauge drehte sich fast der Magen um. Aber sie kämpfte sich zur Schale durch und hielt ihr Gesicht in den klebrigen Schaum, wie Feuerkopf ihr geraten hatte. Aus dem Augenwinkel beobachtet sie, wie er das gleiche tat.

Mit verklebtem Gesicht ging sie zurück zu der grünen Decke und ließ sich müde darauf nieder. Was für eine Nacht! Ihr war schwindelig und schlecht. Vorsichtig sah sie zum weißen Anführer hinüber. Er hockte wieder auf seiner Matratze, leckte sich etwas Bierschaum von den Lippen und sah verächtlich auf die saufenden, raufenden Kobolde zu seinen Füßen. Dabei ließ er immer wieder seine scharfen Krallen über das Fell der Ratte gleiten. Für einen kurzen Augenblick glaubte Neunauge Haß und Angst in den Augen des großen Tieres zu sehen.

Wenn ich nicht gleich an die frische Luft komme, passiert ein Unglück, dachte sie. Kurz entschlossen stand sie auf und kletterte an einem der Seile nach oben. Der Anführer warf ihr nur einen kurzen, uninteressierten Blick nach.

8. Kapitel

in dem Neunauge versucht,
an der frischen Luft
ein paar klare Gedanken zu fassen

Gierig sog Neunauge die klare, kalte Nachtluft in ihre Lungen. Sofort hörte ihr Magen auf, Purzelbäume zu schlagen, und der Nebel in ihrem Kopf verzog sich. Sie sah nach oben. Der Himmel über den rußgeschwärzten Mauern war wieder klar. Der Wind hatte die Wolken weggefegt. Inmitten von unzähligen Sternen stand die schmale Mondsichel silbern am Himmel. Langsam begann Neunauge, in dem toten Haus umherzuschlendern. Der gefrorene Schnee knirschte leise unter ihren Füßen, und ihr warmer Atem hing wie Rauch in der Dunkelheit.
Vor dem Müllberg in der Ecke stand immer noch der große Pappkarton. Einer der Gefangenen, ein kleiner, gebückter Kerl, war dabei, die letzte Portion Müll auf dem stinkenden Berg zu verteilen. Als Neunauge auf ihn zukam, war er anscheinend gerade fertig. Er warf ihr einen ängstlichen Blick

zu, packte den Pappkarton und hastete damit auf den Kellereingang zu. Neunauge blickte ihm nachdenklich nach. Sie verspürte nicht die geringste Lust, jetzt schon in den stinkigen Keller zurückzukehren.

»He, du da!« rief eine rauhe Stimme über ihr.

Neunauge zuckte zusammen. Das mußte einer der Wächter sein. Sie legte den Kopf in den Nacken. Hoch über sich sah sie eine dunkle Gestalt auf der Mauer hocken. »Was willst du?« fragte sie und versuchte, möglichst unfreundlich zu klingen.

»Haben die unten schon das Bier reingebracht?«

Neunauge versuchte, das Gesicht des Wächters zu erkennen. Aber es war zu dunkel.

»Klar!« antwortete sie mürrisch. »Warum fragst du?«

»Kannst du mir nicht was raufbringen?«

»Als ich hochgeklettert bin, hatten sie schon alles ausgesoffen«, log Neunauge. Sie hatte nicht die geringste Lust, wegen dieses Kerls wieder nach unten zu gehen.

»Mist!« fluchte der Wächter. »Es ist doch immer dasselbe. Diese verdammte Nachtwache!«

»Wieso?« fragte Neunauge und spitzte die Ohren.

»Wie lange mußt du denn da oben hocken?«

»Die ganze Nacht natürlich. Bis Sonnenaufgang. Warum weißt du das nicht?« Die rauhe Stimme klang plötzlich mißtrauisch. »Hast du etwa noch nie Wache geschoben?«

Neunauge schluckte. Schnell setzte sie ein spöttisches Lächeln auf. »Nein, noch nie«, sagte sie. »Ich hab' mich bisher immer drücken können.« Ihr Herz klopfte ihr bis zum Hals. Hoffentlich hatte der Kerl keinen Verdacht geschöpft.

Aber ihre Antwort hatte den Wächter beruhigt. »Ganz schön clever!« knurrte er neiderfüllt.

»Ja, so bin ich eben!« sagte Neunauge lässig und drehte sich um. »Eine schöne Nacht noch wünsche ich!« rief sie, dann ging sie rasch weiter. Hinter sich hörte sie die Wache ärgerlich über das verpaßte Bier fluchen.

Aufseufzend hockte sie sich im Schatten der Mauern in den Schnee und begann nachzudenken. Die Aussicht auf noch mehr solcher scheußlicher Nächte ließ sie erschaudern. Aber sie hatte noch nicht die leiseste Idee, wie sie ihren Proviant aus dieser Festung herausbekommen sollten. Und die Gefangenen machten die Lage fast aussichtslos. Sie konnten sie doch nicht einfach in den Klauen dieser Meute lassen! Neunauge seufzte. Wenn sie

wenigstens mit den Gefangenen reden könnten!
Aber wie? Keiner konnte länger mit ihnen spre-
chen, ohne sofort aufzufallen. Nur der Wächter
des Proviantraumes war öfter in ihrer Nähe. Ratlos
schüttelte sie den Kopf. Vielleicht fällt Feuerkopf
was ein, dachte sie, oder Schwalbenschwanz. Oder
Siebenpunkt. Neunauge mußte lächeln. Der gute,
alte Siebenpunkt. Sicher wartete er schon ungeduldig auf ihre Rückkehr. Und auf das Essen, das sie
mitbrachten.

Sie stand auf. Es wurde Zeit, wieder hinunterzuklettern. Mit müden Schritten ging sie auf den
Kellereingang zu.

»Na, wie sieht's aus da unten?« rief eine Stimme
über ihr.

Neunauge fuhr erschreckt zusammen. Es war die
heisere Stimme des Wächters. Was wollte der Kerl
jetzt schon wieder?

Aber als sie sich umdrehte, sah sie überrascht, daß
nicht sie gemeint war. Der Wächter sah in die andere Richtung. Er hatte sich weit vorgebeugt und
sah zum Waldrand hinunter.

»Hier ist alles klar«, antwortete eine gedämpfte
Stimme von außerhalb der Ruine. »Aber schwei-
nekalt ist es. Und ich habe noch keinen Bissen im

172

Bauch. Ich frage mich immer wieder, warum wir ständig hier Wache stehen. Es traut sich doch sowieso keiner an uns ran!«

»Stimmt«, knurrte der auf der Mauer, »die haben alle viel zuviel Angst. Aber der Boß will es nun mal so.«

»Ja, leider!« brummte der von unten. Dann war es wieder still.

Neunauge schlenderte nachdenklich weiter. Also stand da draußen noch eine Wache. Wieso bloß?

»Komisch«, murmelte sie, »das muß ich Feuerkopf erzählen.«

Schon als sie oben am Rand des dunklen Loches stand, merkte sie, daß es unten bedeutend leiser geworden war. Langsam kletterte sie an einem der langen Seile hinunter. Feuerkopf lag auf der grünen Decke, unter der sie das Essen versteckt hatte, und tat so, als schliefe er. Aber als sie unten angekommen war, zwinkerte er ihr unauffällig zu. Überall auf den Decken und Kissen lagen Kobolde faul herum. Die leere Bierdose lag noch da und auch die hölzerne Schüssel. Die Gefangenen wollten gerade beides wegräumen, als der Anführer sich auf seiner Matratze aufsetzte und ungeduldig dem Wächter vor dem Proviantraum winkte.

»He, du!« fauchte er. »Sperr endlich die Gefangenen ein. Sie machen mich nervös. Den Kram können sie auch morgen wegräumen!«

Neunauge sah, daß er hellwach war und kein bißchen betrunken.

Der Wächter scheuchte die müden Gefangenen mit seinem Knüppel vor sich her in die dunkelste, feuchteste Ecke des Kellers, weit weg vom Proviantraum. Dort standen ein paar alte Holzkäfige, wie Menschen sie für Kaninchen benutzen. Ein Kobold konnte gerade aufrecht in ihnen stehen. Der Wächter schubste jeden der Gefangenen in einen der Käfige und verriegelte sie dann von außen. Der Maschendraht, mit dem die Holzkästen bespannt waren, war so eng, daß kein Kobold hindurchgreifen und den Riegel öffnen konnte. Und zum Durchbeißen war der Draht zu dick.

Grimmig sah Neunauge zu, wie der Wächter die Riegel alle noch einmal überprüfte und dann zur Tür des Proviantraums zurückschlenderte. Auch der weiße Kobold hatte alles genau beobachtet, und erst als die Gefangenen in den Käfigen saßen, ließ er sich wieder auf seine Matratze sinken.

Schweigend lag Neunauge neben Feuerkopf. Sie bebte vor Zorn. Immer wieder mußte sie an den armen Schwalbenschwanz und die anderen denken, wie sie in ihren muffigen, engen Käfigen lagen.

Die Kobolde neben ihnen schnarchten so laut, daß Neunauge es riskierte, Feuerkopf etwas ins Ohr zu flüstern. »Morgen früh plant die Bande einen neuen Überfall. Wie wär's, wenn wir uns mit ihnen rausschleichen, um zu Siebenpunkt zu kommen?«

Feuerkopf tat so, als wälzte er sich im Schlaf zu ihr herum. »Einverstanden«, flüsterte er.

»Es gibt übrigens eine weitere Wache«, zischte Neunauge, »irgendwo am Waldrand vor der Mauer. Ich frage mich, wozu. Was meinst du?«

»Das hatte ich mir schon gedacht«, murmelte Feuerkopf schläfrig.

»Das hast du dir gedacht?« flüsterte Neunauge überrascht.

»Ja«, brummte Feuerkopf und gähnte. Dann drehte er sich wieder auf die andere Seite und schnarchte wenig später genauso laut wie die anderen.

Neunauge dagegen tat die ganze Nacht kaum ein Auge zu.

9. Kapitel

in dem der weiße Kobold einen schweren
Fehler macht und Feuerkopf beweist,
daß er ein großartiger Schauspieler ist

 »Aufstehen, ihr Faulpelze, es geht
los!«

Neunauge und Feuerkopf fuhren aus dem Schlaf –
und wußten sofort, wo sie waren. Nur wenige
Schritte von ihnen entfernt stand der weiße Anführer und blickte sich ungeduldig um. Sein seidi-
ges Fell war leicht gesträubt, und die Hände mit
den langen Krallen hatte er in die Seiten ge-
stemmt. »Wie lange soll ich noch warten?«
fauchte er.

Neunauge merkte erleichtert, daß er nicht sie,
sondern die zwei Kobolde neben ihnen meinte.

»Ihr bewacht heute den Proviantraum. Und sorgt
dafür, daß die Gefangenen ein Regal leerräumen
für die Beute, die wir heute mitbringen. Verstanden?«

»Wieso denn schon wieder wir, Boß?« maulte der
eine. Aber er wagte nicht, dem weißen Kobold in

die Augen zu sehen. Unterwürfig hielt er den Kopf gesenkt.

»Wieso nicht ihr?« fragte der Anführer mit seiner weichen, drohenden Stimme.

»Wir waren schon zweimal in dieser Woche dran, Boß!«

»Ja, das stimmt!« kam der andere seinem Freund zu Hilfe. »Zweimal. Und wir würden gern mal wieder einen Überfall mitmachen.«

Der Weiße überlegte kurz. Dann nickte er. »Also gut!« Suchend wanderten seine hellen Augen umher und blieben zu Neunauges Entsetzen an ihr und Feuerkopf hängen.

»Ihr da«, schnurrte der weiße Kobold und zeigte mit einer seiner blitzenden Krallen auf sie. »Ihr seid ziemlich neu, oder?«

Feuerkopf und Neunauge nickten.

»Wie wär's, wenn ihr heute mal Wache schiebt?«

»Vor dem Proviantraum?« fragte Feuerkopf. Er konnte ihr Glück kaum fassen.

»Genau!« Der weiße Kobold nickte. »Habt ihr meinen anderen Befehl gehört?«

»Ja, – Chef!« sagte Neunauge und vermied es, in die hellen Augen zu sehen. »Die Gefangenen sollen ein Regal ausräumen.«

»Richtig.« Der Anführer lächelte zufrieden. »Die Knüppel stehen neben dem Proviantraum. Laßt ordentlich Platz schaffen. Ich habe das Gefühl, wir machen heute besonders fette Beute.« Mit einem bösen Lächeln drehte er sich um. »Also los!« fauchte er und winkte.

Fast alle Kobolde erhoben sich von ihren Matratzen und scharten sich um ihn. Mit geschmeidigen Schritten ging der weiße Kobold auf die Seile zu und schwang sich hinauf. Die Horde folgte ihm, und schon wenige Augenblicke später war die Höhle fast leer.

Nur etwa fünfzehn Kobolde lümmelten sich noch auf ihren Decken. Einige rappelten sich verschlafen hoch und kletterten gähnend nach oben. Der Rest blieb liegen und begann mit einem neuen Schnarchkonzert.

»So ein verdammtes Glück«, zischte Feuerkopf Neunauge ins Ohr. »Jetzt können wir in aller Ruhe mit Schwalbenschwanz und den anderen reden. Nur schade, daß so viele hiergeblieben sind, sonst könnten wir jetzt gleich abhauen!«

»Langsam, langsam«, flüsterte Neunauge, während sie auf den Proviantraum zugingen. »Wir haben bis zum Nachmittag Zeit, uns was auszudenken. Wer weiß… Laß uns erst mal mit den Gefangenen reden.«

»Da ist noch ein Problem«, sagte Feuerkopf, »was machen wir jetzt mit Siebenpunkt?«

»Verdammt!« Neunauge stöhnte. »Den hab' ich in der Aufregung glatt vergessen. Er wird sich schreckliche Sorgen machen!«

»Das fürchte ich auch.« Feuerkopf nickte. »Aber was wollen wir machen?« Er nahm einen der schweren Knüppel, die neben dem Eingang zum Proviantraum standen. »Bleib du hier stehen und mach ein möglichst grimmiges Gesicht. Ich hole die Gefangenen.« Er kicherte. »Die werden sich wundern!«

Pfeifend schlenderte er auf die Kaninchenställe zu. Schwalbenschwanz und die anderen Gefangenen waren schon wach und blickten ihm durch den Maschendraht entgegen.

»So, ihr faules Pack!« schnauzte er und baute sich breitbeinig vor den Käfigen auf. »Es geht an die Arbeit. Ich mach' jetzt die Riegel auf. Aber keine Dummheiten. Sonst bekommt ihr den hier zu spüren.« Lässig wedelte er mit dem dicken Knüppel herum.

Steifbeinig kletterten die Gefangenen nacheinan-

der aus ihren Holzkäfigen heraus. Schwalbenschwanz flüsterte seinen Leidensgenossen etwas
zu. Ungläubiges Staunen breitete sich auf den Gesichtern aus.

»Also los!« brüllte Feuerkopf – so laut, daß die
Kobolde, die immer noch auf ihren Decken vor
sich hin schnarchten, erschrocken in die Höhe
fuhren. Mit grimmiger Miene scheuchte er die
Gefangenen zum Proviantraum. Neunauge zwinkerte Schwalbenschwanz unauffällig zu, als er an
ihr vorbeikam. Dann stellte sie sich mit düsterer
Miene vor den vergitterten Eingang. Feuerkopf
aber folgte den Gefangenen schimpfend und fluchend ins Innere.

»Jetzt wird das Regal hier ausgeräumt!« brüllte er.
»Und zwar dalli!«

Schwalbenschwanz drehte sich um und grinste
Feuerkopf an.

»Findest du nicht, daß du etwas übertreibst?« flüsterte er.

»Keine Spur«, sagte Feuerkopf leise, »wir wollen
denen da draußen schließlich eine überzeugende
Vorstellung liefern. Kommt!« Er führte den kleinen Haufen zwischen ein paar riesige Regale an
der hintersten Wand des Raumes. »Hier können

wir lauter reden«, sagte er. »Ich heiße Feuerkopf, und wie heißt ihr?«

»Mohrenfalter«, sagte ein kleiner, schwarzweiß gescheckter Kobold und lächelte Feuerkopf verlegen an.

»Ich heiße Roseneule«, sagte eine große, dicke Koboldfrau mit fuchsrotem Fell.

»Mein Name ist Mondvogel.« Ein magerer, sandfarbener Kobold grinste ihn an. »Und der kleine Braune hier ist Pappelschwärmer.«

Pappelschwärmer machte eine komische kleine Verbeugung.

»Ist mir eine Ehre«, sagte Feuerkopf. »Würdet ihr

bitte so nett sein, ein wenig in den Regalen herumzulärmen, während wir uns besprechen? Damit die da draußen denken, ihr arbeitet euch hier die Finger wund.«

»Wie kommt ihr bloß hierher, du und Neunauge?« fragte Schwalbenschwanz und warf ein paar Keksdosen aus dem Regal. »Ich kann immer noch nicht glauben, daß ihr hier seid!«

Feuerkopf winkte ab. »Das wäre jetzt eine viel zu lange Geschichte. Die Bande hat uns unseren ganzen Wintervorrat geklaut, und wir wollen ihn uns zurückholen. Den Rest erzähl' ich ein anderes Mal.«

»Vergiß es!« Schwalbenschwanz schüttelte traurig den Kopf. »Am besten verschwindet ihr, so schnell ihr könnt. Bevor der weiße Kobold merkt, daß was faul ist. Der Kerl ist schlimmer als ein hungriger Fuchs!«

Die anderen Gefangenen nickten zustimmend.

»Ich habe mal überlegt zu fliehen«, erzählte Mohrenfalter, »aber man hat nicht die geringste Chance – vor allem nicht im Winter. Mit leerem Bauch kommt man nicht weit. Und was sie mit dir machen, wenn sie dich erwischen«, er schauderte, »das ist scheußlich.«

Feuerkopf sah sie alle ungläubig an. »Das meint ihr doch nicht ernst«, sagte er. »Ihr seid fünf, wir sind drei mit Siebenpunkt...«

»Siebenpunkt ist auch hier?« unterbrach ihn Schwalbenschwanz.

Feuerkopf nickte. »Ja. Er hält sich noch im Wald versteckt. Also, wir sind zusammen acht. Mit acht Kobolden wird doch wohl was zu machen sein. Oder wollt ihr lieber hierbleiben?«

»Natürlich nicht!« sagte Roseneule.

»Na also!« Feuerkopf lauschte kurz nach draußen. Es war nichts Beunruhigendes zu hören. »Haltet euch mal kurz die Ohren zu«, sagte er und holte tief Luft. »Was machst du denn da?« brüllte er dann. »Stell das sofort wieder hin!« Dann grinste er zufrieden und wandte sich wieder den Gefangenen zu. »Also, ihr wollt hier weg, und wir wollen unseren Proviant zurück. Wir helfen euch, und ihr helft uns, einverstanden?«

»Aber wie?« fragte Mondvogel und sah Feuerkopf zweifelnd an.

»Das werden wir uns jetzt zusammen überlegen«, sagte Feuerkopf. »Ich habe da schon ein paar Ideen. Wißt ihr, wo diese Bande ihren Notausgang hat? Sie hat doch bestimmt einen, oder?«

»Natürlich«, sagte Schwalbenschwanz, »komm mit!« Sie drängten sich zwischen einigen vollgestopften Regalen hindurch, bis sie vor einer Eisenklappe standen, die im Fußboden eingelassen war. »Da drunter ist ihr Notausgang«, sagte Schwalbenschwanz.

»Da drunter?« fragte Feuerkopf. »Sieht nicht gerade einladend aus.«

Schwalbenschwanz grinste. »Das war wohl mal so was wie ein Abfluß. Jetzt ist unter der Klappe eine Grube, in der ein Kobold gerade aufrecht stehen kann. Und von dort aus führt ein Gang nach draußen – bis vor die Mauern der Ruine. Der weiße Kobold hat ihn vor langer Zeit graben lassen. Wir Gefangenen müssen ihn ab und zu ausbessern, zum Beispiel nach starken Regenfällen. Daher wissen wir Bescheid.«

»Ich wußte, daß es ihn gibt!« Feuerkopf strahlte. »Vor allem, seit Neunauge mir gestern nacht von der weiteren Wache erzählt hat.«

»Ja«, Schwalbenschwanz nickte, »der Ausgang des Ganges ist hinter Gestrüpp und großen Steinen verborgen, und in seiner Nähe lungert immer eine Wache herum.«

»Kann man die Klappe auch von innen abschließen?« fragte Feuerkopf und kniete sich neben die Luke. Sie hatte ein normales Türschloß – wie das einer Menschentür.

»Soviel ich weiß, ja«, sagte Siebenpunkt.

»Gut«, sagte Feuerkopf. »Und wo ist der Schlüssel? Sag jetzt bloß nicht, der Weiße hat ihn!«

Schwalbenschwanz schüttelte den Kopf. »Noch schlimmer. Der Schlüssel liegt unter der Ratte!«

10. Kapitel

in dem Siebenpunkt für einige
Überraschungen sorgt und die Lage noch mal
sehr brenzlig wird

Als Feuerkopf wieder aus dem Proviant-raum kam und sich neben Neunauge stellte, blickte er ziemlich düster drein.

»Was ist los?« fragte Neunauge leise.

Ein paar Kobolde begannen gerade eine Prügelei

auf den Matratzen, und der Rest sah genüßlich zu. »Wir haben ein Problem«, knurrte Feuerkopf. Im Proviantraum hinter ihnen lärmten die Gefangenen. Diesmal räumten sie wirklich ein Regal leer.

»Schwalbenschwanz hat mir den Notausgang gezeigt«, flüsterte Feuerkopf.

»Er ist da drin?« Neunauges Augen blitzten auf. »Aber dann...«

»Er ist verschlossen«, unterbrach Feuerkopf sie.

»Aber das war doch zu erwarten«, flüsterte Neunauge. »Wer hat den Schlüssel?«

»Das ist das Problem!« zischte Feuerkopf und stieß wütend den schweren Knüppel auf den Boden. »Der Schlüssel liegt unter der Ratte.«

»Was?« Neunauge sah den schwarzen Kobold entsetzt an.

»Ich sagte ja, es gibt ein Problem«, sagte Feuerkopf, drehte sich um und ging zurück in den Proviantraum. »Geht das nicht ein bißchen schneller?« hörte ihn Neunauge brüllen. Mit grimmiger Miene tauchte er wieder auf und lehnte sich an das Gitter. »Bei dem Problem fällt selbst mir keine Lösung ein!« fluchte er leise.

Die Kobolde in der Höhle waren noch immer mit

ihrer Rauferei beschäftigt und beachteten die beiden nicht. Düster blickten sie vor sich hin und zermarterten sich die Köpfe. Noch war der Nachmittag weit. Doch die wertvolle Zeit bis zur Rückkehr der Bande verging stetig – und ihnen fiel nichts ein. Würden sie in nächster Zeit noch einmal so eine Gelegenheit haben? Die Gefangenen waren nicht eingesperrt. Sie selbst hielten Wache vor dem Proviantraum. Und der größte Teil der Bande samt ihrem gefährlichen Anführer war weit, weit weg. Aber ohne den Schlüssel zum Notausgang hatten sie nicht die geringste Chance, an den restlichen Kobolden vorbeizukommen – dazu waren es noch zu viele. Es war zum Verrücktwerden! Wütend starrte Feuerkopf zu der riesigen Ratte hinüber. Nur an ihr scheiterte all ihre Hoffnung.

Oben am Kellereinstieg tat sich etwas. Ein dicker, struppiger Kobold mit dunklem Fell kam eines der Seile heruntergeklettert. Mit einem Plumps sprang er zu Boden und sah sich neugierig um. Neunauge blickte ungläubig zu ihm hinüber.

»Feuerkopf!« flüsterte sie aufgeregt.

»Ja, was ist?« Mißmutig schreckte er aus seinen düsteren Gedanken hoch.

»Da ist Siebenpunkt!«

»Was?«

»Er kommt hierher!«

Der dicke Kobold kam gemächlich auf sie zugeschlendert. Unauffällig sah er zu den prügelnden Kobolden hinüber. Die waren nur noch lauter geworden, und auch die, die anfangs bloß zugeschaut hatten, mischten inzwischen kräftig mit.

Siebenpunkt lehnte sich direkt neben dem Proviantraum gegen die Wand und tat so, als würde er interessiert die Rauferei beobachten. Erst als er ganz sicher war, daß niemand herübersah, drehte er sich zu seinen beiden Freunden um.

»Na«, sagte er und zwinkerte den beiden zu, »da habt ihr euch ja einen schönen Job andrehen lassen. Und mich laßt ihr da draußen in diesem Karnickelloch verhungern. Ich hab's einfach nicht mehr ausgehalten so allein – und so hungrig.« Unruhig wanderten seine Blicke zurück zu den lärmenden Räubern. »Die können bestimmt sehr unangenehm werden, was?«

»Siebenpunkt«, hauchte Neunauge, »bist du verrückt geworden? Und was hast du mit deinem Fell gemacht?«

»Ich habe mich ordentlich im Dreck gewälzt.«

Siebenpunkt kicherte nervös. »Sieht gut aus, nicht? So falle ich bestimmt nicht auf!«

»Und wie bist du an den Wachen vorbeigekommen?« fragte Feuerkopf ungläubig.

»Och«, Siebenpunkt zuckte die Schultern, »das war nicht weiter schwer. Ich habe beobachtet, wie die Bande losgezogen ist, und daß ihr nicht mit rausgekommen seid. Das hat mir gar nicht gefallen. Ich habe noch etwas gewartet, und dann bin ich auf die Mauern zugehumpelt und habe den Wachen erzählt, ich hätte mir den Fuß verstaucht und könnte bei dem wunderbaren Raubzug nicht mitmachen. Ganz traurig hab' ich getan – und sie haben es geschluckt.«

»Donnerwetter«, sagte Feuerkopf leise und sah den dicken Kobold bewundernd an, »für so schlau hätte ich dich gar nicht gehalten!«

»Tja«, Siebenpunkt grinste verlegen, »so schlau bin ich auch nur, wenn ich hungrig bin. Im Moment würde ich mich allerdings am liebsten in einem sicheren Winkel verstecken.«

»Paß auf«, flüsterte Neunauge, »wenn ich ›jetzt‹ sage, huschst du ganz schnell in den Raum hinter uns.«

Sie blickte zu den raufenden Kobolden hinüber.

Alle waren vollauf damit beschäftigt, den anderen eins auf die Nase zu hauen. »Jetzt!« zischte Neunauge, und Siebenpunkt verschwand hinter dem Maschendraht.

Niemand hatte etwas bemerkt. Nur die Ratte zuckte mit den Ohren und sah zu ihnen herüber.

»Gut«, sagte Feuerkopf, »dann werde ich jetzt noch mal den strengen Wärter spielen!« Er drehte sich um und ging in den Proviantraum. »Verdammte Schlamperei«, brüllte er, »ihr seid ja immer noch nicht fertig!«

Siebenpunkt saß bereits zwischen Schwalbenschwanz und den anderen, ließ sich auf die dicken Schultern klopfen und erklären, wie sein Freund Schwalbenschwanz an diesen unfreundlichen Ort gekommen war.

Feuerkopf hockte sich zu ihnen.

»Habt ihr schon einen Plan?« fragte Siebenpunkt und ließ seine Blicke sehnsüchtig über all die Schachteln und Dosen wandern, die sich um ihn herum bis an die Decke stapelten.

»Ich dachte, ich hätte einen«, knurrte Feuerkopf. »Aber leider gibt es dabei einen Haken. Ich...«

»Vorsicht!« zischte Neunauges Stimme von draußen.

Sofort sprangen die Gefangenen auf und begannen, wie wild Schachteln und Dosen auf den Boden zu stapeln. Feuerkopf sprang auf den Hauptgang und fuchtelte mit seinem Knüppel. »Da hinüber!« brüllte er. »So wird das nie was. Und dann könnt ihr was erleben, wenn der Chef zurückkommt!«

Siebenpunkt saß immer noch verdattert auf dem Boden, aber er war schon bald hinter neu gestapelten Bergen von Dosen verschwunden.

»Was glotzt ihr so blöd?« hörte Feuerkopf Neunauges zornige Stimme. »Macht, daß ihr verschwindet!«

»Hast du Ärger?« Drei ziemlich wild aussehende Kobolde stellten sich neben Neunauge vor den Proviantraum und versuchten hineinzublicken. Aber alles, was sie sahen, waren erschöpft dreinblickende Gefangene, die ein Regal leerräumten.

»Wir wollten mal fragen, ob ihr nicht 'ne Kleinigkeit rausrücken könnt«, sagte der größte von ihnen und zeigte seine spitzen Zähne. »Ein paar Kekse, etwas Schokolade...«

»Nichts bekommt ihr!« schnauzte Feuerkopf. »Verzieht euch, aber schleunigst!«

»Na, na, man wird doch wohl mal fragen dürfen.

Schließlich haben wir für das Zeug da drin hart gearbeitet. Stimmt's, Freunde?«

Die anderen beiden nickten grimmig.

»Verschwindet!« knurrte Feuerkopf. »Verschwindet auf der Stelle!«

»Komm, stell dich nicht so an«, schnurrte sein Gegenüber. »Der Boß braucht ja nichts davon zu erfahren!«

»Und ob er das erfahren wird!« fauchte Feuerkopf. »Darauf könnt ihr euch verlassen. Oder meinst du, wir stehen nur so zum Spaß hier rum? Wie ist dein Name?«

»Jetzt hör mal gut zu«, sagte der andere und trat ganz nah an Feuerkopf heran. »Bisher waren wir nett und freundlich. Aber wir können auch ganz anders, verstehst du?«

»Klar versteh' ich!« Feuerkopf grinste bösartig. »Ich hoffe, du verstehst das hier!« Er hob seinen schweren Knüppel, und Neunauge entblößte ihre nadelspitzen Zähne. »Nehmt eure krummen Beine in die Hand und verschwindet, oder ihr erlebt den Ärger eures Lebens!«

Hastig traten die drei Kobolde ein paar Schritte zurück. »Du bist wohl ein ganz Scharfer, was?« knurrte ihr Anführer. »Aber wir sind drei, und hier sind noch jede Menge andere, die auch nichts gegen ein paar Extrakekse hätten. Wollt ihr es euch nicht doch noch mal überlegen?«

Jetzt nahm auch Neunauge ihren Knüppel in die Hand. Das Ding war so schwer, daß sie es kaum hochheben konnte. Aber das merkten die Kerle hoffentlich nicht. Drohend pflanzte sie sich vor ihnen auf.

»Jetzt habe ich endgültig die Nase voll von euch!« fauchte Feuerkopf und machte einen Schritt nach vorn.

Da fingen die drei Kobolde plötzlich an zu grinsen und stießen sich gegenseitig an. »Vergiß die Sache«, sagte der Große. »Ihr beiden seid in Ordnung. Ihr habt den Test bestanden.«

»Den Test?« Feuerkopf schluckte. »Was für 'n Test, verdammt noch mal? Was soll das nun wieder heißen?«

»Na ja«, sagte der andere, und seine beiden Begleiter kicherten. »Der Boß bestimmt immer jemanden, der die Wachen überprüft, während er weg ist. Er traut niemandem, verstehst du? Aber – wie gesagt – ihr habt die Probe bestanden. Eigentlich sollte ich euch das alles gar nicht erzählen, aber was soll's.« Er zuckte lässig die Achseln. »Ihr seid mir sympathisch. Und was die Gefangenen betrifft...«

»Was ist mit ihnen?« fragte Feuerkopf und musterte den anderen mit seinem unfreundlichsten Blick, wobei das Herz ihm bis zum Hals klopfte.

»Nimm sie nicht so hart ran. Wir brauchen sie noch. Klar?«

»Klar.« Feuerkopf nickte.

»Dann noch viel Spaß«, sagte der Kobold und lächelte spöttisch. Er winkte den anderen beiden, und wenig später waren sie oben durch das Kellerloch verschwunden.

»Puh!« stöhnte Neunauge. »Das war knapp!«

»Allerdings«, sagte Feuerkopf und atmete tief durch. »Ich geh' wieder rein.« Mit zitternden Knien drehte er sich um und ging zurück in den Proviantraum. »Ihr könnt aufhören, sie sind weg«, sagte er.

Aufseufzend ließen sich die Gefangenen gegen die Regale sinken. Und Siebenpunkt kam vorsichtig hinter dem Dosenstapel hervor. »Alles klar?« fragte er besorgt. Feuerkopf nickte.

Ein paar Augenblicke saßen sie schweigend da.

»Wir haben wertvolle Zeit verloren«, sagte Feuerkopf schließlich. »Laßt uns weitermachen. Wir müssen eine Lösung finden. Ich dachte, wir könnten irgendwie durch den Notausgang verschwinden«, erklärte er Siebenpunkt, »aber wir haben da ein Problem.«

»Und welches ist das?« fragte Siebenpunkt.

»Der Notausgang ist verschlossen«, sagte Roseneule. »Und der Schlüssel liegt unter dem fetten Bauch einer angeketteten Ratte. Sie gehört dem weißen Kobold.«

Siebenpunkt runzelte die Stirn, und sein Fell sträubte sich ein wenig. »Eine Ratte?« fragte er. »Ist das das Problem?«

»Reicht das etwa nicht?« fragte Feuerkopf ungeduldig. »Du fürchtest dich doch sogar vor Hühnern.«

»Vor Hühnern schon«. Siebenpunkt warf Feuerkopf einen ärgerlichen Blick zu. »Aber nicht vor Ratten – außer sie sind völlig ausgehungert.«

Fassungslos starrten ihn alle an.

»Ist diese Ratte völlig ausgehungert?« fragte Siebenpunkt.

»Nein!« sagte Mondvogel und schaute völlig verdattert drein. »Der Anführer füttert sie jeden Morgen und jeden Abend höchstpersönlich. Sie bekommt mehr zu fressen als wir.«

»Und sie ist angekettet, nicht wahr?«

»Ja, aber…«

»Das mögen Ratten gar nicht«, sagte Siebenpunkt und wiegte nachdenklich den Kopf, »ganz und gar nicht.« Er kratzte sich den leeren Bauch und seufzte. Dann sah er mit grimmig entschlossener Miene von einem zum andern. »Also gut, ich hole den Schlüssel. Wie ist die Ratte festgemacht? Weiß das einer?«

»Mit einer Hundekette, die oben auf der Treppe an einem Eisenring hängt«, sagte Schwalbenschwanz. »Das andere Ende ist mit einem Karabinerhaken am Halsband der Ratte befestigt.«

»Gut.« Siebenpunkt nickte. »Aber was passiert, wenn wir den Schlüssel haben?«

Feuerkopf starrte den dicken Kobold an, als hätte er den Verstand verloren. »Siebenpunkt, du spinnst. Es ist eine Ratte!«

»Wenn ich sage, ich hole den Schlüssel, dann hol' ich ihn auch«, sagte Siebenpunkt ärgerlich. »Erzähl jetzt lieber, ob du eine Idee hast, wie es weitergehen soll, wenn wir den Schlüssel haben.«

Feuerkopf klappte den Mund ein paarmal sprachlos auf und zu. Schließlich räusperte er sich und begann, seine Idee zu erklären.

11. Kapitel

in dem der kleine, dicke Kobold
seinen großen Auftritt hat

 Es war leider noch ein weiter
Weg von Feuerkopfs Idee bis zu
einem richtigen Plan.

Während die Kobolde in der Schlafhöhle die Prügelei leid waren und wieder zwischen ihre Decken
krochen und während Neunauge geduldig vor
dem Proviantraum Wache stand, wurde drinnen
zwischen den vollen Regalen die waghalsigste
Flucht ausgetüftelt, die je Kobolde unternommen
hatten. Die Rückkehr der Räuberhorde rückte immer näher. Es blieben nur noch ein paar Stunden
– und es mußte an alles gedacht sein! Jeder Fehler
konnte sie alle zu lebenslangen Gefangenen machen.

Doch schließlich stand ihr Plan. »Das wird eine
verdammt gefährliche Sache!« stöhnte Schwalbenschwanz.

»Sollten wir nicht lieber noch ein paar Tage

warten?« fragte Mohrenfalter. »Es geht plötzlich alles so schnell!«

»Weißt du, wann Neunauge und ich wieder zur Wache eingeteilt werden?« sagte Feuerkopf und schüttelte den Kopf. »Nein. So ein Glück haben wir vielleicht nie wieder. Entweder wir schaffen es heute oder nie.«

Bedrückt schwiegen alle.

»Kommt, kommt!« sagte Feuerkopf und sprang auf. »Es ist noch nicht mal Mittag. Wir haben also genug Zeit. Ich werde jetzt zu Neunauge gehen und Teil eins unseres Planes in Angriff nehmen. Ihr packt inzwischen soviel Proviant in Säcke, wie wir tragen können, und stellt alles vor die Luke.«

»Viel Glück!« sagte Schwalbenschwanz leise.

»Das werde ich brauchen können«, sagte Feuerkopf und ging zum Ausgang zurück. »Los jetzt!« brüllte er dabei. »Wenn ihr nicht bald fertig seid, werd' ich euch der Ratte zum Imbiß vorwerfen!« Mit grimmigem Gesicht stapfte er aus dem Proviantraum. »Es geht los!« raunte er Neunauge zu. Dann knallte er seinen Knüppel ein paarmal mit voller Wucht gegen die Kellerwand. »Aufstehen!« brüllte er. »Kommt aus den Decken raus! Los!« Neunauge warf ihm einen ungläubigen Blick zu.

»Los, raus mit euch allen!« schnauzte Feuerkopf. Verdutzt rappelten sich die Kobolde hoch. »He, was soll das?« knurrte einer und warf Feuerkopf einen wütenden Blick zu. »Spinnst du oder was?«

»Werde bloß nicht frech!« Feuerkopf machte drohend ein paar Schritte auf ihn zu. »Ich habe Befehl vom Chef, daß die Gefangenen den Sauladen hier saubermachen sollen, bevor er zurückkommt. Also verzieht euch nach oben und legt euch in die Sonne.«

»So ein Mist«, brummte einer.

»Von so einem Befehl hab' ich nichts gehört!« sagte ein anderer mißtrauisch.

»Na gut!« Feuerkopf grinste böse. »Dann lassen wir das Saubermachen. Und du erklärst dem Boß nachher, wieso es hier immer noch aussieht wie im Schweinestall.«

»Schon gut, schon gut!« Wütend sah der Kobold Feuerkopf an. »Reg dich ab, wir gehn ja schon.«

Murrend und schimpfend kletterte der ganze Haufen die Seile hinauf.

»Wer in der nächsten Stunde auch nur seine Nasenspitze sehen läßt«, brüllte Feuerkopf hinter ihnen her, »der putzt mit, verstanden? Wir können noch jede Menge Hilfe gebrauchen!«

Bei dieser Aussicht kletterten die Kobolde gleich noch mal so schnell nach oben. Im Nu war auch der letzte spurlos verschwunden. Die Höhle war leer.

»Verdammt!« sagte Feuerkopf. »So viel wie hier hab' ich in meinem ganzen Leben noch nicht gebrüllt!«

»Was sollte das?« fragte Neunauge ungeduldig. »Was habt ihr vor?«

»Wir verschwinden.«

»Heute? Jetzt gleich?«

Feuerkopf nickte. »Der erste Teil unseres Planes hat soeben geklappt. Jetzt folgt Teil zwei.«

Vorsichtig kam Schwalbenschwanz hinter dem Maschendraht hervor. »Sind sie weg?«

»Ja«, sagte Feuerkopf, »schneller, als ich gedacht hatte.«

Schwalbenschwanz blickte ungläubig auf die leeren Decken. »Es scheint wirklich zu klappen«, flüsterte er, »ich werde es gleich den anderen erzählen.«

Neunauge blickte immer noch zu dem großen Loch in der Decke hinauf. Aber es war wirklich nicht mal eine Nasenspitze zu sehen. »Wir sollten das da oben trotzdem im Auge behalten«, sagte sie. Dann drehte sie sich zu Feuerkopf um. »Was ist Teil zwei?«

»Siebenpunkt holt den Schlüssel.«

Neunauge starrte Feuerkopf entgeistert an. Doch bevor sie noch etwas sagen konnte, stand Siebenpunkt schon hinter ihnen. »Das hast du gut gemacht!« sagte er und klopfte Feuerkopf auf die Schultern. »Aber jetzt bin ich dran!«

Neunauge packte seinen Arm. »Hör mal, Siebenpunkt…« Da tauchte plötzlich oben im Einstieg ein struppiger Kobold auf. Siebenpunkt duckte sich blitzschnell hinter Neunauges Rücken.

»Ich hab' mich wohl nicht deutlich genug ausgedrückt!« brüllte Feuerkopf los.

»Halt die Luft an. Ich bin's.« Es war der Kobold, der sie kontrolliert hatte. Neugierig lugte er hinunter. »Man hat mir erzählt, daß ihr die Gefangenen putzen lassen sollt. Mir hat der Boß davon nichts gesagt.«

»Wieso sollte er?« rief Feuerkopf zurück. »Er sagt nichts gern zweimal. Das solltest du eigentlich wissen!«

Der Kobold oben zögerte. Dann grinste er. »Stimmt!« rief er. »Du hast recht. Das tut er wirklich nicht gern. Aber«, er beugte sich vor, »denk dran, was ich gesagt habe. Nimm die Gefangenen nicht zu hart ran. So gute hatten wir schon lange nicht mehr.«

»Ist klar«, sagte Feuerkopf. »Aber jetzt verzieh dich. Oder soll ich dem Boß erzählen, daß du hier den Chef spielst, wenn er weg ist?«

»Du bist wirklich ein ganz Scharfer«, knurrte der Kobold von oben. »Keine Sorge, die nächste Zeit laß ich mich nicht mehr blicken. Ich finde es nicht besonders interessant, jemandem beim Putzen zuzusehen. Davon wird mir ganz übel!«

Und schon war sein dunkler Kopf verschwunden.

»Das halte ich nicht mehr lange aus«, seufzte Neunauge.

Siebenpunkt richtete sich vorsichtig wieder auf. »Ich dachte schon, er hätte mich gesehen. Also, nun zu Teil zwei. Drückt mir die Daumen, daß die Ratte nicht so hungrig ist wie ich!«

Und bevor Neunauge ihn hindern konnte, marschierte er mit entschlossenen Schritten auf die zerstörte Treppe zu.

War das wirklich Siebenpunkt, der Angst vor Hühnern hatte? Neunauge wollte hinter ihm her, aber Feuerkopf hielt sie zurück. »Ich kann dir's

nicht erklären«, sagte er leise, »aber ich gl
weiß, was er tut.«

Siebenpunkt war bereits nur noch ein
boldlängen von der Treppe entfernt. Die Ratte
hob erstaunt den Kopf und blickte den dicken
Kobold neugierig aus ihren dunklen Augen an. Es
war das erste Mal in der langen Zeit ihrer Ge-
fangenschaft, daß jemand anderes als der weiße
Kobold sich ihr näherte. Nervös zuckte die Spitze
ihrer Schnauze, und ihre langen Barthaare beb-
ten. Als Siebenpunkt begann, die Stufen hinaufzuklettern, fuhr sie herum. Die schwere Kette
klirrte, und ihr Schwanz peitschte unruhig über
das verkohlte Holz.

Siebenpunkt kletterte unbeirrt Stufe für Stufe hinauf.

Neunauge und Feuerkopf standen wie erstarrt da
und wagten kaum zu atmen. Auf der vorletzten
Stufe blieb Siebenpunkt stehen. Er holte tief Atem
und blickte der Ratte direkt in die Augen.
»Hallo«, sagte er mit leiser, aber fester Stimme.

Die Ratte erstarrte. Bewegungslos sah sie den
struppigen, kleinen Kobold an.

»Du kannst meine Worte natürlich nicht verstehen«, sagte Siebenpunkt und räusperte sich, »aber

auf irgendeine Weise verstehen tust du mich trotzdem, da bin ich mir ganz sicher.«

Die Ratte spitzte die Ohren und starrte Siebenpunkt an.

»Ihr Ratten seid sehr schlau, das weiß ich«, sagte
er. »Ich habe schon mal mit einer von euch zu tun
gehabt. Seitdem weiß ich, daß ihr anders seid, als
man so allgemein unter Kobolden erzählt. Vor allem seid ihr Ratten sehr, sehr schlau!«

Die Ratte bewegte ihren Kopf ein wenig auf
Siebenpunkt zu, und die Kette schabte über den

Boden. Feuerkopf und Neunauge zuckten zusammen, aber Siebenpunkt war offenbar ganz ruhig.

»Ich mache dir ein Angebot!« sagte er und zeigte mit seiner pelzigen Hand auf die Kette. »Ich werde dich von dem Ding da befreien, und du kannst gehen, wohin du willst. Aber vorher bekomme ich von dir den Schlüssel, der unter deinem Bauch liegt.«

Es war totenstill in der Höhle. Von oben hörte man gedämpfte Koboldstimmen, aber in dem dunklen Keller war kein Laut zu hören.

»Also, wie ist es?« fragte Siebenpunkt und kletterte langsam auch die letzte Stufe hinauf. Nun stand er direkt vor der Ratte. Er legte seine Hände um die schwere Kette. »Willst du sie loswerden?«

Langsam erhob sich die Ratte auf die Füße. Unter ihrem fetten Bauch kam ein Schlüssel zum Vorschein. Kurz entschlossen bückte Siebenpunkt sich und hob ihn auf. Die Ratte machte nicht die leiseste Bewegung. Aber sie ließ den Kobold nicht einen Augenblick aus den Augen.

Siebenpunkt richtete sich wieder auf. Nur einen Augenblick lang zögerte er. Dann trat er ganz dicht an die Ratte heran. Ihre Kette war – wie Schwalbenschwanz gesagt hatte – mit einem Karabinerhaken am Halsband befestigt. Der nackte Rattenschwanz begann erneut hin und her zu zucken. Siebenpunkt nahm all seinen Mut zusammen, zog den Schnappverschluß auseinander und löste den schweren Haken von dem Halsband. Dann ließ er die Kette fallen. Mit lautem Klirren fiel sie zu Boden – und die Ratte war frei.

Einen endlosen Augenblick lang sahen sie sich an. Dann schüttelte die Ratte sich und sprang mit ein paar Sätzen die Treppe hinunter. Siebenpunkt folgte ihr mit dem Schlüssel.

»Er hat sie losgemacht!« stöhnte Feuerkopf und preßte sich gegen den Draht hinter ihm.

»Was hast du denn erwartet?« zischte Neunauge, während sie die Ratte nicht aus den Augen ließ. »Dachtest du, sie gibt ihm den Schlüssel für ein paar Streicheleinheiten?«

Die Ratte stand nun mitten im Keller. Schnuppernd hob sie die spitze Schnauze. Triumph blitzte in ihren Augen auf. Dann warf sie einen langen, haßerfüllten Blick zu der Stelle hinüber, an der der weiße Kobold abends thronte.

Neunauge blickte unruhig hinauf zum Kellerloch. Wenn jetzt jemand hinuntersah, war alles verloren. Aber Feuerkopfs Gebrüll hatte gründlich gewirkt. Oben rührte sich nichts. Nur gedämpftes Gelächter war zu hören.

Siebenpunkt marschierte schnurstracks auf den Proviantraum zu. Langsam drehte die Ratte sich um und trottete hinter ihm her. Neunauge und Feuerkopf trauten ihren Augen nicht. Als Siebenpunkt schließlich grinsend vor ihnen stand, war die Ratte genau hinter ihm. Sie schob ihre spitze Schnauze an Siebenpunkt vorbei und sah die andern beiden aufmerksam aus ihren runden Augen an.

»Wir sind fertig!« kam die leise Stimme von Schwalbenschwanz aus dem Proviantraum. »Was ist mit Siebenpunkt?« Er streckte den Kopf aus der Tür, sah die Ratte und fuhr entsetzt zurück.

»Ihr müßt euch alle ruhig und langsam bewegen«, sagte Siebenpunkt und strich der Ratte sacht über das graubraune Fell. »Tut so, als ob nichts wäre. Sonst wird sie nervös.«

Die anderen nickten stumm.

»Soll sie etwa mit in den Proviantraum?« fragte Feuerkopf entgeistert.

»Natürlich«, sagte Siebenpunkt, »und in den Gang auch. Oder glaubst du, sie klettert die Seile hinauf?«

Feuerkopf schluckte.

»Ich würde sagen, ich schließe jetzt die Luke zum Notausgang auf«, sagte Siebenpunkt und betrat den Proviantraum. Die Ratte folgte ihm.

»Ganz ruhig bleiben!« rief Neunauge leise den Gefangenen zu, die sich entsetzt in einer Ecke zusammendrängten. »Ihr seht doch, sie tut nichts. Sie will nur hier raus – genau wie wir.«

Die Ratte warf jedem einen interessierten Blick zu und schnupperte genüßlich in der Luft herum.

Feuerkopf führte Siebenpunkt zu der eisernen

Luke. Der dicke Kobold hockte sich daneben und schob mit bebenden Fingern den Schlüssel in das Schloß. Es gab ein leises Klicken. Siebenpunkt grinste erleichtert und öffnete die Klappe. Eine dunkle Grube gähnte ihnen entgegen.

»Probier mal, ob er auch von innen paßt«, sagte Feuerkopf.

Siebenpunkt steckte den Schlüssel von der anderen Seite ins Schloß. »Kein Problem«, stellte er fest.

»Wunderbar«, seufzte Feuerkopf erleichtert. »Dann bringt ihr jetzt die Säcke hinunter in den Gang und versteckt euch dort. Neunauge und ich bereiten Teil drei vor. Siebenpunkt, du bleibst hier. Du hast genug für heute getan und«, er wies unauffällig auf die Ratte, »du paßt ein bißchen auf unsere Freundin auf, ja?«

»Erst mal werde ich was essen«, sagte Siebenpunkt und ließ seine Augen prüfend über die vollen Regale gleiten. »Das habe ich mir verdient.«

Feuerkopf sah ihn sprachlos an. »Du willst jetzt essen?« stieß er hervor.

»Klar.« Siebenpunkt zerrte an einer Keksschachtel. Die Ratte sah interessiert zu. »Wann sonst? Jetzt ist genau die Zeit dafür.«

»Ich fasse es nicht!« Feuerkopf stöhnte und schüttelte den Kopf. »Ich fasse es einfach nicht!«

Neunauge kicherte und faßte den schwarzen Kobold am Arm. »Los, komm jetzt«, sagte sie und schob ihn vorwärts, »jetzt kommt Teil drei. Und den mußt du mir erst mal erklären.«

12. Kapitel

worin von Anfang bis Ende gerannt,
geklettert, gebrüllt und geflucht wird

»Paß auf!« Feuerkopf warf einen hastigen Blick zum Kellereingang hinauf. Aber da regte sich nichts. »Wir machen es so: Erst mal bringen wir alle Seile, die hier rumliegen und rumhängen, in den Notausgang. Dann zerschlagen wir die Leiter. Hier unten darf nichts mehr sein, woran die Burschen zum Kellerloch raufklettern können!«

»Aha!« sagte Neunauge, aber eigentlich verstand sie noch gar nichts.

»Sobald die andern die Säcke mit dem Proviant in den Gang geschleppt haben«, fuhr Feuerkopf mit leiser Stimme fort, »legen wir los. Wir klettern die Seile rauf und brüllen oben herum, daß die Gefangenen einen Aufstand versuchen und den Proviant zerstören.«

Neunauge begann zu grinsen. »Clever«, flüsterte sie, »das ist wirklich clever.«

Feuerkopf lächelte geschmeichelt. »War meine Idee. Aber weiter: Wenn wir die Bande ordentlich verrückt gemacht haben und alles auf das Loch zustürmt, klettert einer von uns den Burschen voran wieder runter. Wer von uns ist schneller?«

»Ich!« flüsterte Neunauge.

»Stimmt!« Feuerkopf nickte. »Also – du kletterst das Seil runter, rennst vor der Meute her auf den Proviantraum zu, zwischen den Regalen hindurch und auf die Luke zu. Dann hüpfst du – hopps – rein in die Grube, und Siebenpunkt knallt die Luke – rumms – über euch zu und schließt ab. Die Bande begreift ›oje, eine Falle‹ und rennt zurück zu den Seilen. Aber die habe ich bereits hochgezogen.«

Neunauge strahlte übers ganze Gesicht. »Spitze!« flüsterte sie.

»Gut, dann laß uns loslegen!«

In Windeseile hatten sie die Seile weggeschleppt und die Leiter zerschlagen. Seitdem sie die Kobolde nach oben gejagt hatten, war noch keine Stunde vergangen. Immer öfter wanderten Feuerkopfs Blicke besorgt nach oben, aber niemand zeigte sich dort. Den Geräuschen nach zu urteilen, die zu ihnen herunterdrangen, amüsierte sich die Bande prächtig und verschwendete keinen Gedanken an die putzenden Gefangenen.

»Gleich wird ihnen das Lachen vergehen!« sagte Feuerkopf. »Ich frage mal nach, ob die andern bereit sind.« Im Nu war er wieder da. »Sie haben alles in den Gang gebracht!«

Neunauge nickte. Ein paar Augenblicke lang sahen die beiden sich wortlos an.

»Jetzt kommt's drauf an«, sagte Neunauge leise. »Hoffentlich haben wir weiter Glück wie bisher.«

»Wir hatten in diesem Winter schon reichlich Pech«, sagte Feuerkopf.

»Stimmt.« Neunauge lächelte schwach.

»Also los!« sagte Feuerkopf. »Du wirst sehen, es wird ein Kinderspiel!«

Sie rannten auf die baumelnden Seile zu und begannen hinaufzuklettern. Als sie fast oben waren, legten sie los. »Hilfe!« rief Feuerkopf.

»Helft uns!« schrie Neunauge.

Sie schwangen sich aus dem dunklen Loch ans Tageslicht und rannten auf die verblüfften Räuber zu. Bis auf die Wachen lagen alle faul in der winterlichen Sonne.

»Schnell!« schrie Feuerkopf und fuchtelte wild mit den Armen.

»Ja, schnell!« rief Neunauge und rollte entsetzt mit den Augen.

»Was ist los?« Verdutzt blickten die Wachen von der Mauer herunter.

»Ihr müßt euch beeilen«, keuchte Feuerkopf.

»Wieso, zum Teufel?« schnauzte eine der Wachen ungeduldig.

Die anderen Kobolde drängten sich unruhig um Feuerkopf und Neunauge zusammen. Lautes Stimmengewirr erhob sich. Tausend aufgeregte Fragen schwirrten in der Luft.

»Die Gefangenen...«, stieß Neunauge hervor.

Die Wachen sprangen von der Mauer herunter. Und in der großen Türöffnung des Mauerrings erschien aufgeregt der Kobold, der am Notausgang Wache stand. »Was ist hier los?« fragte er.

»Die Gefangenen haben uns bedroht! Sie machen einen Aufstand!« jammerte Feuerkopf.

»Sie haben unsere Knüppel«, rief Neunauge, »und sie haben die Regale umgestürzt und zerstören den Proviant. Ihr müßt mitkommen. Schnell!« Mit diesen Worten drehte sie sich um und rannte wieder zum Kellerloch zurück. Jetzt hing alles von ihr ab!

Ihr eigener Herzschlag dröhnte ihr in den Ohren. Keuchend schwang sie sich an einem der Seile hinunter. Sie warf einen Blick nach oben. Die ganze Horde folgte ihr. Aber sie drängelten und schoben so sehr, daß erst einige wenige an den Seilen hingen.

Um so besser, dachte Neunauge. Laßt euch nur Zeit!

Sie war bereits unten angekommen. Mit einem Satz sprang sie zu Boden und jagte auf den Proviantraum zu. »Da drin sind sie!« schrie sie und rannte wie nie zuvor in ihrem Leben. Hinter ihr her polterten die Räuberkobolde.

Jetzt hatte sie den Proviantraum erreicht. Hastig drängte sie sich zwischen den Regalen hindurch.

Die trampelnden Schritte hinter ihr waren bereits bedrohlich nahe. Sie dürfen mich nicht überholen! dachte Neunauge verzweifelt.

Da vorne war die rettende Luke. Neunauge raste darauf zu. Sie rutschte aus, rappelte sich wieder hoch und ließ sich in das dunkle Loch gleiten. Die anderen waren bereits im Gang. Nur Siebenpunkt wartete im Schutz der Luke. Blitzschnell knallte er die Eisenklappe über ihnen zu und drehte den Schlüssel im Schloß um.

Atemlos saßen sie in der Dunkelheit, eng aneinandergepreßt. Schritte kamen näher. Wilde Flüche drangen zu ihnen herunter. Die überlisteten Räuber trampelten auf der Eisentür herum, bis Neunauge und Siebenpunkt der Kopf dröhnte. Verzweifelt hielten sie sich die Ohren zu.

Endlich wurde das Toben über ihren Köpfen leiser. Aufgeregte Stimmen waren zu hören, und dann entfernten sich die Schritte – genauso polternd, wie sie gekommen waren.

Neunauge seufzte erleichtert auf. »Habt ihr alles in den Gang geschafft?« fragte sie leise.

»Klar«, erwiderte Siebenpunkt. »Wahrscheinlich ist alles schon draußen. Laß uns machen, daß wir auch rauskommen!«

»Gut«, sagte Neunauge und rappelte sich hoch. »Dann können wir jetzt nur noch hoffen, daß bei Feuerkopf alles geklappt hat.«

Aber darum hätte sie sich keine Sorgen machen müssen. Sobald der letzte Kobold unten auf dem Kellerboden gelandet war, hatte Feuerkopf begonnen, die schweren Seile nach oben zu ziehen. Erst zog er sie alle so weit hoch, daß man sie von unten nicht mehr erreichen konnte. Und dann zerrte er eins nach dem anderen durch das Loch nach oben. Als die wutschnaubenden Kobolde in ihre Schlafhöhle zurückgestürmt kamen, war es bereits zu spät. Sosehr sie auch sprangen und sich gegenseitig auf die Schultern stiegen, um vielleicht doch noch ein Seil zu erreichen – sie baumelten längst viel zu hoch über ihren Köpfen und waren schließlich ganz verschwunden. Dafür erschien Feuerkopfs grinsendes Gesicht über dem Kellerloch. »Na, ihr Schlaumeier«, rief er hinunter, »ich hoffe, das ist euch eine Lehre, uns nicht noch mal in die Quere zu kommen!«

Wütende Flüche schallten zu ihm herauf, und die Kobolde schüttelten drohend ihre Fäuste. Spöttisch winkte Feuerkopf ihnen zu. Die Räuber brüllten sich heiser vor Zorn. Rasend vor Wut

rannten sie zwischen den Decken umher und
suchten die Leiter und die Seile. Aber Neunauge
und Feuerkopf waren gründlich gewesen.

Der schwarze Kobold warf noch einen letzten zu-
friedenen Blick auf die tobende Meute, dann sah
er sich um. Die Kletterseile mußten weg. Aber
zum Mitnehmen waren sie zu schwer und zu lang.
Also schleppte er sie kurzerhand zu dem riesigen
Müllhaufen, grub hastig ein flaches Loch, stopfte
die Seile hinein und scharrte dann den stinkenden
Müll wieder darüber.

»Zu schade, daß ich das Gesicht von diesem super-
schlauen Anführer nicht sehen kann, wenn er nach
Hause kommt!« Feuerkopf seufzte und wischte

sich die stinkenden Hände im Schnee sauber. Dann hastete er zu der Lücke zwischen den zerstörten Mauern, sah sich vorsichtig um und rannte dorthin, wo er das Ende des Notausganges vermutete. Wie er gedacht hatte, lag es zwischen den ersten Bäumen, geschickt verborgen zwischen Baumwurzeln, Brombeerranken und großen Steinen.

Überall stapelten sich prall gefüllte Säcke im Schnee. Sie hatten es geschafft! Sie hatten es wirklich geschafft! Feuerkopf warf einen raschen Blick zur Sonne hinauf. Sie hatte ihren Mittagsplatz gerade erst verlassen. Aus dem verschneiten Wald war noch nichts Beunruhigendes zu hören. Nur das wütende Gebrüll der eingesperrten Kobolde drang gedämpft zu ihm herüber. Es blieb ihnen hoffentlich genug Zeit zu verschwinden.

Zwischen den Proviantsäcken standen die ehemaligen Gefangenen mit freudestrahlenden Gesichtern und blinzelten in der Sonne. Mondvogel und Pappelschwärmer hatten seit Monaten das Tageslicht nicht mehr gesehen. Roseneule wälzte sich im Schnee, um den Gestank des Kellers loszuwerden. Bei Feuerkopfs Ankunft kamen auch Siebenpunkt und Neunauge gerade aus dem Gang gekrochen – gefolgt von der Ratte.

»Laßt uns machen, daß wir wegkommen!« sagte Neunauge. Jeder nahm sich einen Sack – und dann sahen sie sich unschlüssig an.

»Das war's dann wohl«, sagte Mohrenfalter. Die andern hatten verlegen die Köpfe gesenkt. Keiner wußte, was er sagen sollte.

»Ja, das war's«, sagte Feuerkopf und grinste. »Leider haben wir keine Zeit zu feiern. Aber wer weiß? Vielleicht sehen wir uns ja alle mal wieder. Allerdings hoffentlich an einem netteren Ort!«

»Verwischt eure Spuren gut«, sagte Neunauge, »und laßt euch bloß nicht noch mal erwischen.«

»Bestimmt nicht!« Alle schüttelten den Kopf.

»Also dann...«

Mondvogel drehte sich als erster zögernd um, winkte noch mal allen zu und schlug sich dann mit seiner kostbaren Last ins Unterholz. Mit verlegenem Lächeln folgte ihm Pappelschwärmer, dann Roseneule und zum Schluß Mohrenfalter. Schließlich waren sie alle verschwunden – fast, als wären sie nie dagewesen.

Zurück blieben Feuerkopf, Neunauge, Schwalbenschwanz, Siebenpunkt – und die Ratte.

Siebenpunkt blickte sie erstaunt an. »Willst du nicht auch gehen?« fragte er.

Die dunklen Augen sahen ihn ruhig an.

»Ich glaube, sie will uns begleiten!« sagte Siebenpunkt verwundert.

»Das ist vielleicht gar nicht so schlecht«, sagte
Feuerkopf. »Meinst du, sie zieht meinen Laster?
Du hast ihn doch hoffentlich hergeschafft!«

»Hier ist er.« Siebenpunkt zog den bunten Laster
unter dem verschneiten Brombeergebüsch hervor.
Hastig packten sie zwei der restlichen Säcke auf
den Laster. Die anderen luden sie sich auf die
Schultern. Wie selbstverständlich nahm die Ratte
das Zugseil des Spielzeugautos ins Maul und sah
ihre Begleiter erwartungsvoll an.

»Ich kann's kaum glauben, was ich sehe«, flüsterte
Feuerkopf entgeistert.

»Sie meint, wir sollten gehen«, sagte Siebenpunkt,
»und damit hat sie verdammt recht.«

Die Ratte war bereits mit Feuerkopfs Laster im
Unterholz verschwunden. Eilig folgten sie ihr.
Nur Neunauge blieb noch einen Augenblick stehen und sah zu den düsteren Mauern empor. Immer noch drangen die Schreie und Flüche der
überlisteten Kobolde nach draußen. Neunauge
lächelte zufrieden. Dann nahm sie einen Zweig
und verwischte alle Spuren.

13. Kapitel

das mit einem Unwetter beginnt und
mit einer wütenden Ratte endet

»Siehst du was?« fragte Feuerkopf. Sie hatten die beiden Hügel hinter sich gelassen und standen nun am Rande einer verschneiten Lichtung mitten im Sumpfgebiet. Neunauge war auf einen hohen Baum geklettert und sah sich von dort aus nach allen Richtungen um.

»Nein, nichts!« rief sie herunter. »Aber bei dem Unwetter ist es verdammt schwer, etwas zu erkennen!«

Die Sonne war schon vor einer Stunde endgültig hinter grauen Wolkenhaufen verschwunden, die sich immer höher auftürmten und inzwischen den ganzen Himmel bedeckten. Der Wind wurde immer stärker und jagte sie wie schmutzigen Schaum vor sich her. Der ganze Wald war in Bewegung. Zweige und Gräser wogten unter ihrer Schneelast hin und her, und die jungen Bäume bogen ihre dünnen Stämme mit dem Wind.

»Es hat keinen Sinn!« rief Neunauge. Das Brausen um sie herum wurde immer lauter. Hastig kletterte sie wieder herunter. »Laßt uns machen, daß wir weiterkommen«, sagte sie und schwang sich ihren schweren Sack wieder über die schmalen Schultern. »Da zieht ein Sturm auf, und zwar ein verdammt unangenehmer. Wir müssen von der Lichtung weg sein, wenn es losgeht!«

Hastig setzten sie ihren Weg fort. Die schweren Säcke ließen sie trotz aller Eile nur langsam vorankommen. Der Himmel über ihnen sah immer bedrohlicher aus, und die schützenden Bäume waren noch ein gutes Stück entfernt. Sie waren dem

eisigen Wind ausgesetzt, der durch ihr Fell drang, als sei es ein löchriger Mantel. Ihre Beine und Füße waren müde und wund, aber sie hasteten weiter. Immer wieder mußten sie haltmachen, um ihre Spuren zu verwischen. Die Räuberkobolde durften niemals erfahren, *wer* sie hereingelegt hatte! Endlich hatten sie die Bäume erreicht. Die Ratte war als erste im Unterholz verschwunden. Eilig stolperten die Kobolde hinter ihr her.

Siebenpunkt warf einen besorgten Blick zu den düsteren Wolken hinauf. Eisige Schneeflocken fielen wie winzige Nadelstiche auf sie nieder – so dicht, daß man bald die eigene Hand vor Augen

nicht mehr sah. »Wir müssen einen Unterschlupf finden!« rief Schwalbenschwanz.

Im selben Moment war die Ratte samt Feuerkopfs Laster unter ein paar Baumwurzeln verschwunden. Ohne lange zu zögern, krochen die vier Kobolde hinterher.

»Das wird eng!« knurrte Neunauge. Die Baumwurzeln verbargen eine richtige Höhle, aber für vier Kobolde, eine Ratte und all ihr Gepäck war nur Platz, wenn alles sich eng aneinanderdrängte. Zusammengepfercht hockten sie da und starrten durch die knorrigen Wurzeln nach draußen. Das Brausen des Windes wurde immer stärker. Der Baum über ihnen begann zu ächzen und zu stöhnen.

»So ein verdammtes Pech!« schimpfte Feuerkopf – und merkte plötzlich, daß er sich eng an die Ratte preßte. Ihre Augen waren nur ein kleines Stück von den seinen entfernt und musterten ihn interessiert.

»Siebenpunkt!« stöhnte Feuerkopf. »Bist du sicher, daß deine Freundin immer noch satt ist?«

»Reg dich nicht auf!« brummte Siebenpunkt, den der Sturm weit mehr beunruhigte. »Sie tut uns nichts.«

»Na gut.« Feuerkopf schloß die Augen, worauf die Ratte gelangweilt ihren Blick von ihm abwandte.

Der Sturm tobte jetzt immer wilder durch den Wald, rüttelte und schüttelte an den kahlen Bäumen und ließ den Schnee vor sich hertanzen. Zitternd vor Kälte saßen die Kobolde und die Ratte in ihrem zugigen Versteck und lauschten dem Lärmen des Windes. Sehnsüchtig dachten sie an ihre warmen, geschützten Höhlen. Eigentlich hatten sie schon vor der Dunkelheit zu Hause sein wollen. Aber der Sturm hatte diese Hoffnung zunichte gemacht.

Als das Brausen des Windes und das Ächzen der Bäume endlich verstummten, hatten sie eine halbe Ewigkeit unter den Baumwurzeln gehockt. Mühsam wühlten sie sich durch den frischgefallenen Schnee ins Freie. Die Sonne war wieder hinter den Wolken hervorgekommen. Doch sie war gerade dabei, hinter den Baumkronen zu verschwinden. Stöhnend reckten die Kobolde ihre steifen Glieder.

»Seht euch das an«, sagte Neunauge.

Um sie herum türmten sich mächtige Schneewehen. Und von dem Baum, unter dem sie gehockt hatten, war ein mächtiger Arm abgebrochen und hatte sich mit seinen Ästen in den Schnee gerammt.

»Wie weit ist es wohl noch, bis wir auf den Bach stoßen?« fragte Feuerkopf.

Neunauge zuckte die Schultern. »Eine Stunde, schätze ich.«

»Na, dann los!« Feuerkopf nahm seinen Proviantsack. »Ich will nicht aus so einem Abenteuer heil rauskommen und dann in finsterer Nacht von einer Eule verspeist werden.«

Schweigend stapften sie durch den frisch gefallenen Schnee. Mühsam quälten sie sich über hohe Schneewehen und unter abgebrochenen Ästen hindurch. Wenigstens war das Verwischen der Spuren in dem frischen Schnee ein wenig leichter.

Sie hatten den Bach schon fast erreicht, als ihnen eine besonders hohe Schneewehe den Weg versperrte. Mühsam zerrten sie ihre schweren Säcke hinauf. Nur die Baumrinde unter ihren Füßen verhinderte, daß sie nicht samt ihrer Last in dem weichen Schnee versanken.

Die Ratte schien noch ziemlich frisch zu sein, denn sie war im Nu mitsamt dem vollgepackten

Laster oben. Dort allerdings blieb sie plötzlich wie angewurzelt stehen.

»Was hat sie?« fragte Neunauge.

Siebenpunkt blickte erstaunt zu der Ratte hinauf.

»Keine Ahnung!« sagte er.

»Pst!« zischte Schwalbenschwanz und preßte sich flach in den Schnee. »Ich hör' was!«

Alle vier hielten den Atem an und lauschten. Das Getrampel vieler Füße drang an ihre Ohren.

»Das kann doch nicht sein!« flüsterte Neunauge entsetzt.

Die Ratte ließ die Leine des Lasters los und bleckte die langen Zähne. Ihr ganzer Körper schien zu beben.

»Sie sind es!« Siebenpunkt stöhnte. »Ganz bestimmt. Seht euch nur die Ratte an, dann wißt ihr, wer da kommt!«

Im selben Moment stieß die Ratte einen schrillen Pfiff aus und raste die Schneewehe hinunter. Die vier Kobolde krochen hastig nach oben und lugten vorsichtig über die Schneekuppe.

Etwa dreißig Koboldlängen vor ihnen stand eine Horde von Kobolden wie erstarrt zwischen den Bäumen. Das weiße Fell ihres Anführers hob sich in der Dunkelheit nur schwach vom Schnee ab.

Mit vor Schreck geweiteten Augen blickten sie auf die riesige Ratte, die mit gebleckten Zähnen direkt auf sie zustürmte. Der Schnee stob wie eine Rauchfahne hinter ihr her. Schon war sie nur noch wenige Sätze von den Räubern entfernt.

Der weiße Kobold erkannte sie sofort, und er wußte auch gleich, daß sie es nur auf ihn abgesehen hatte. Einen Augenblick war er wie gelähmt. Dann wirbelte er herum, drängte sich durch seine immer noch wie versteinert dastehende Horde – und rannte um sein Leben. Als die Ratte zwischen seine Leute fuhr, kletterte er wie ein Blitz den Stamm des nächsten großen Baumes empor.

Atemlos beobachteten die vier Kobolde hinter der Schneewehe, wie die Ratte abrupt ihren Lauf bremste und sich fauchend gegen den Baumstamm warf. Schnuppernd und zähnefletschend richtete sie sich auf und starrte nach oben. Hinter ihr stoben die Räuber in alle Himmelsrichtungen davon. Die wenige Beute, die sie bei sich trugen, ließen sie achtlos im Schnee liegen.

Ihr Anführer kletterte zitternd und bebend auf einen dicken Ast. Mit angstverzerrtem Gesicht hockte er sich hin und starrte hinunter auf die Ratte, die immer noch zu ihm emporfauchte.

»Warum klettert sie nicht hinter ihm her?« fragte Neunauge leise.

»Das ist wohl zu hoch für sie«, flüsterte Siebenpunkt zurück. »Außerdem kann er ihr so am wenigsten entwischen. Sie wird die ganze Nacht dort sitzen bleiben. Und den ganzen nächsten Tag und die ganze nächste Nacht, wenn's sein muß.« Der dicke Kobold schauderte. »Man könnte fast Mitleid kriegen mit dem Kerl.«

»Er kann nur hoffen, daß sie irgendwann schläft«, murmelte Neunauge, »sonst ist er die längste Zeit ein lebendiger Kobold gewesen.«

»Dann wird er ja vielleicht nie erfahren, daß wir ihn hereingelegt haben!« sagte Feuerkopf enttäuscht.

»Wenn der je wieder in seine Ruine zurückkehrt, wird ihm das wahrscheinlich sogar ziemlich egal sein«, sagte Neunauge.

Stumm blickten sie noch eine Weile zu der Ratte und ihrem Gefangenen hinüber. Nun war der weiße Kobold der Gefangene.

»Kommt«, sagt Schwalbenschwanz schließlich und rappelte sich hoch, »laßt uns weitergehen. Ich will endlich wieder nach Hause.«

14. Kapitel

in dem sich fünf ausgehungerte Kobolde
endlich nach Herzenslust vollfressen können
und die Geschichte ein sehr glückliches
Ende nimmt

Erst tief in der Nacht erreichten sie Siebenpunkts Bau. Kein Raubtier, kein Schneesturm und kein plündernder Kobold war ihnen in die Quere gekommen. Trotzdem fühlten sie sich mehr tot als lebendig, als sie endlich den umgestürzten Baum erreichten. Ihre Schultern, Arme und Rücken schmerzten von den schweren Säcken. Den Rest des Weges hatten sie ja auch noch den schwerbeladenen Laster ziehen müssen, und ihre Hände waren von dem Zugseil zerschnitten. Ihre Füße und Beine spürten sie schon gar nicht mehr, und ihre Ohren und Nasen waren halb erfroren. Doch sie waren endlich zu Hause! Sie hatten es geschafft!

»Wir sind da«, flüsterte Neunauge ungläubig und ließ den schweren Sack von ihren wunden Schultern gleiten.

»Juhuuu!« Feuerkopf ließ sich der Länge nach in den Schnee plumpsen.

Schwalbenschwanz und Siebenpunkt fielen sich lachend um den Hals.

»Ich hatte schon nicht mehr dran geglaubt.« Schwalbenschwanz seufzte glücklich. »Und eigentlich glaube ich's immer noch nicht!«

Unter der riesigen Baumkrone raschelte es, und ein sandfarbener Kobold streckte erschrocken seinen Kopf aus dem Bau.

»Keine Sorge, Blaupfeil!« rief Neunauge und lachte. »Wir sind es! Wir sind wieder da!«

»Neunauge!« rief Blaupfeil erleichtert und kam hastig ganz aus dem Bau gekrochen.

»Blaupfeil!« rief Schwalbenschwanz überrascht.

Dann gab es erst mal eine Zeitlang nichts als Begrüßungen und Umarmungen. Der Mond schob sein rundes Gesicht zwischen den schwarzen Wolken hervor, als wollte er ein wenig zusehen.

»Kommt«, sagte Neunauge schließlich, »wir schleppen die Säcke in die Höhle, bevor unser kostbarer Proviant naß wird.«

»Ihr habt der Bande also wirklich die Beute wieder abjagen können?« fragte Blaupfeil und blickte andächtig auf die vollen Säcke.

»Ja.« Feuerkopf nickte stolz. »Es sind zwar wahrscheinlich nicht die Dosen und Schachteln des Braunen, aber die Menge dürfte ungefähr hinkommen.«

Mit letzter Kraft nahmen sie die Säcke noch mal hoch und schleppten sie in den warmen, trockenen Bau. Und Feuerkopf ging sogar trotz seiner müden Glieder noch mal nach draußen und versteckte seinen heißgeliebten Laster.

Dann gab es ein Festmahl. Dem armen, halbverhungerten Blaupfeil sprangen fast die Augen aus dem Kopf, als sich plötzlich soviel Essen vor ihm häufte.

»Hast du Wasser hier, Blaupfeil?« fragte Schwalbenschwanz.

Blaupfeil nickte und starrte dabei weiter das Essen an. »Da hinten in dem alten Senfglas«, murmelte er.

Schwalbenschwanz grinste zufrieden und zog eine flache Tüte aus einem der Säcke. »Dann mach' ich uns jetzt was zu trinken!« sagte er und zwinkerte den anderen verheißungsvoll zu. »Paßt mal auf.« Er biß eine Ecke der Tüte ab und schüttete ihren Inhalt in das Wasser. Ein rotes Pulver rieselte heraus. Das Wasser verfärbte sich und begann wie verrückt zu sprudeln und zu schäumen.

»Was ist denn das?« Siebenpunkt trat neugierig näher. Auch die anderen bekamen runde Augen und waren für einen Moment vom Essen abgelenkt.

»Das nennt sich Brause!« Schwalbenschwanz grinste. »So was mußten wir manchmal dem weißen Kobold machen. Nehmt euch einen von den Flaschendeckeln da und kommt probieren. Aber schnell – das Zeug sprudelt nicht allzu lange!«

»Hm, das schmeckt ja scheußlich gut.« Siebenpunkt leckte sich die Lippen. »Fast wie Himbeeren.« Er schlürfte gleich zwei volle Deckel leer. »So«, sagte er und rülpste, »und jetzt geht es wieder ans Essen.«

»Siebenpunkt, du bist schon fast so verfressen wie diese Räuberkobolde.« Neunauge seufzte.

Sie aßen und aßen und aßen. Neunauge und Feuerkopf hatten bei dem Gelage in der Räuberhöhle reichlich bekommen, aber die anderen hatten das Gefühl, zum ersten Mal seit Wochen genug zu essen zu haben. Als endlich alle restlos satt waren, begann Blaupfeil, ihnen Löcher in die vollgefressenen Bäuche zu fragen. Er wollte alles, aber auch alles erfahren, was sie erlebt hatten.

Die Nacht verging, und ein neuer Tag brach an. Aber unten in Siebenpunkts Bau wurde immer noch erzählt. Erst als der Tag schon wieder halb vorbei war und es draußen erneut zu schneien begann, legten sich fünf rundum glückliche, vollgefressene Kobolde in die Blätter.

Am darauffolgenden Tag machten sie erst mal eine ausgedehnte Schneeballschlacht. Und dann – dann beschlossen sie, daß es doch bestimmt sehr nett werden würde, den Winter nicht zu dritt, sondern zu fünft zu verbringen. Also brachten

Schwalbenschwanz und Blaupfeil auch noch ihre Sachen in Siebenpunkts Bau.

Und es wurde schließlich doch noch ein sehr netter, friedlicher Winter. – Das wurde ja auch wirklich Zeit!

Inhalt

Erster Teil

Zweiter Teil